本书系福建省教育科学"十四五"规划2021年度课题
初中历史教学融合的路径探究"（立项批准号：FJJKZX21-244)研究成果之一

求真·求实·求智

——史料在初中历史教学中的应用研究

黎　英　吴松钦　著

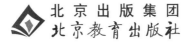

北京出版集团
北京教育出版社

图书在版编目（CIP）数据

求真·求实·求智：史料在初中历史教学中的应用
研究 / 黎英, 吴松钦著. –– 北京：北京教育出版社，
2022.11

ISBN 978–7–5704–4946–0

Ⅰ.①求… Ⅱ.①黎… ②吴… Ⅲ.①中学历史课 –
教学研究 – 初中 Ⅳ.①G633.512

中国版本图书馆CIP数据核字(2022)第211870号

求真·求实·求智：史料在初中历史
教学中的应用研究

黎　英　吴松钦　著

*

北京出版集团
北京教育出版社　出版
（北京北三环中路 6 号）
邮政编码：100120
网址：www.bph.com.cn

京版北教文化传媒股份有限公司总发行
全国各地书店经销
旭辉印务（天津）有限公司印刷

*

710mm×1000mm　16 开本　13 印张　220 千字
2022年11月第1版　2022年11月第1次印刷
ISBN 978-7-5704-4946-0
定价：48.00 元

纵观当下的中学历史教学，各种新理念、新思想和新主张层出不穷，这无疑反映了基础教育课程改革的深入发展和历史教育进步的一面，值得肯定。但这些新理念、新思想和新主张如何在具体的教学实践中落实却是一个相当棘手的问题。因此，要推动课堂教学改革取得质的飞跃，仅靠理论的引领是远远不够的，因为我们在教学中遇到的具体的教学内容绝无可能完全相同，有的看似相近甚至相同，其实千差万别。这就要求历史教师要从多个方面深刻把握每个具体的历史教学内容。如何做到这一点？实践证明，除了史料阅读及其应用，目前还没有更好的方法。

历史学科区别于其他学科的主要特色是其时间性，史料是其基础。史料的阅读、搜集、整理、解读和运用，涵盖了史学的基本内容。梁启超认为："史料为史之组织细胞，史料不具或不确，则无复史之可言。"[1] 傅斯年也强调："史学的对象是史料，不是文词，不是伦理，不是神学，并且不是社会学。史学的工作是整理史料，不是做艺术的建设，不是做疏通的事业，不是扶持或推倒这个运动，或那个主义。"[2]

随着中学历史教学改革的进一步推进，历史教师专业化要求的进一步提高，对史料阅读、搜集、解读、运用的探究已然成为中学历史教学研究的新方向。作为史料教学的专著，本书具有以下几个特点：

第一，本书将史料阅读作为历史教学的起点，倡导广大中学历史教师重视史料阅读，引导广大中学历史教师认识到，史料阅读的广度与深度直接决定着自身史学素养的发展程度以及学生历史学习的视野和质量。

---

[1] 梁启超 . 中国历史研究法 [M]. 南昌：江西教育出版社，2018：50.

[2] 傅斯年 . 战国子家叙论 史学方法导论 史记研究 [M]. 上海：上海三联书店，2017：78.

　　第二，本书秉承着实事求是、尊重历史的原则，书中课程案例均引自部编版历史教材，旨在帮助全国一线历史教师共同提高认知水平和实践效果。例如，在口述史料课堂教学案例中，教师引用了两位参与台儿庄战役的老人的口述资料，还原了台儿庄战役的历史原貌，而且书中所提及的重大事件、重要会议和重要人物都有注释说明出处，有据可查。

　　第三，本书史料资源选录范围相当广泛，涉及口述史料、影像史料、实物史料、乡土史料等，在一定程度上为中学历史教师提供了日常备课可用的素材，让广大历史教师一看就明白，拿来便会用，从根本上解决"巧妇难为无米之炊"的实际问题。

　　第四，本书广泛汲取史学研究新成果，把优质史料资源与历史教学进行深度融合，注重情境化教学设计，增强了应用性、创新性、开放性与灵活性，这不但有利于在根本上推动理论从"空中"顺利"落地"，而且有利于推动"实践"从"形式"走向"卓越"。

　　当然，由于时间、能力的局限，本书难免存在不足之处，敬请广大读者批评指正，并提出宝贵意见。总体来看，本书为一线历史教师提供了实实在在的、高质量的、系统整体的史料资源支持，是一本值得推荐的参考书。

福建教育学院文科研修部教授、国家级培训计划专家

二〇二二年七月于福州

21 世纪，以计算机、网络技术为基础的信息社会的到来和知识爆炸性增长，以及国际竞争日趋激烈，在一定程度上冲击了我国初中的教育教学。我国基础教育迎来了新一轮课程改革，"以学生发展为本""教学生学会学习"成为教学的主要指导思想和主要目标。新的教育理念在一定程度上冲击了初中历史的传统教学模式，以培养学生历史思维和历史意识、使学生初步掌握历史研究方法为主要目标的初中历史史料教学的研究与实践将具有特殊的意义。它不仅有助于学生掌握扎实的历史基础知识，而且在提高学生历史学科的应用意识，培养学生科学严谨的学习态度，培养学生的思维能力和分析问题、解决问题的能力，推动初中历史教学改革，全面推行初中历史素质教育等方面都起着重要作用。因此，初中历史史料教学的功能已大大超出了丰富历史教学内容、引发学生兴趣等，拓展了促进学生对历史的理解、培养学生认识历史的能力和方法、发展学生的历史思维等功能。

本书共九章：第一章介绍了史料的相关理论、应用基础和目标；第二章阐述了史料阅读的概念、初中生史料阅读现状和初中生史料阅读能力的培养途径；第三章至第七章则是通过大量案例分别论述口述史料、影像史料、实物史料、乡土史料、诗词史料在初中历史教学中的应用；第八章讨论了史料资源库的建设；第九章分析了我国初中历史史料教学的创新实践，以积极推进史料教学。

在研究过程中，我们采用了教育科学研究方法，并与史学研究基本方法结合。史料主要来自现行的义务教育历史课程标准、教材、教学实践数据、学生档案资料，以及教育专家、史学专家等的论著、报刊等。我们在本书的撰写过程中以现代教育理论为指导，结合我们多年从事初中历史教学的典型案例分析，从不同方面对史料教学进行了探讨。其中，漳州市教育科学研究院黎英撰写了第一、二、三、四、九章内容，共计 12 万字；福建省福州第十二中学吴松钦撰写了第五、六、七、八章内容，共计 11 万字。由于我们水平有限，书中难免有不足之处，恳请广大读者予以指正。

目 录
Contents

第一章 史料与初中历史教学

第一节 史料及史料教学

在法国史学家布洛赫（Bloch）看来，历史为人在时间中的科学[①]，也就是说，人类社会曾经发生的事实或者对事实的阐述与记载便是历史。历史无法被重现，其具有过去性以及不可直接观察性。历史学界需要借助史料这个历史认知的中介来获得历史知识。而史料就是人类社会在千百年来的发展当中所产生的种种痕迹，是储存信息的宝库、传递文明的功臣。认识历史以史料为基础，解决历史研究问题也以它为最关键的信息，无论是要研究历史还是要认识历史，史料都是不可缺少的重要元素。从教学的角度来看，史料应作为学生感受与确证历史的知识来源。借助史料教学，学生能够形成更强的分析能力、逻辑推理能力和证据素养，树立起求真意识。不过，从史料本体的意义上看，其在学生认识世界过程中还会以证据的身份发挥作用。

一、史料的概念阐释

史料包罗甚广，凡治史过程中使用的研究性文献和常识以外的资料，都属于史料的范畴。研究史料的性质、种类、考订和运用的学问，称作"史料学"；而对历史著述中的史料来源及其用法的讨论，则属于"史源学"的工作。这两门学问在中国传统史学中颇受重视，也是旧时史家的入门课程。

在拉布达看来，那些诞生于人类劳动当中，在社会生活发展过程里发挥着影响作用的存在，包括社会与心理上的遗物，都是史料。梁启超曾说过："史料

[①] 张志胜，陈家华，陈娇. 史海蠡测 [M]. 哈尔滨：黑龙江人民出版社，2018: 23.

者何？过去人类思想行事所留之痕迹，有证据传留至今日者也。"①白寿彝也表示，人类社会在发展过程当中所留下的各种痕迹便是史料。可见，大部分人都认可史料是人类社会发展过程里存留的各种痕迹，可以让人们了解历史的发展过程。

英美学者常用"sources"来指史料，即"过去留下的人工制品"。有时"sources"一词兼指研究中使用的所有材料，包括史料和研究性论著，前者是"primary sources（第一手资料）"，后者为"secondary sources（第二手资料）"或"secondary literature（第二手文献）"。他们还用"documents"指原始材料，而"documentation"一词则指论证时使用的原始材料的总和，有时也指运用原始材料进行论证的方式。另外，英文论著中常见的"evidence（证据）"或"historical evidence（历史证据）"等词，意为论证时用作根据的材料。按照欧美学者的习惯，研究一个问题要先提出论点，然后用材料来论证，而论证过程中使用的史料，就成了"证据"。中国史学中也有"证据"的说法，考据学就颇重"证据"，王国维更有"二重证据法"之说。"证据"只是研究中用到的材料，而不是一个课题所涉及的全部史料。

从古及今，中外史家对史料的认识和界定一直都在发生变化。欧洲古代史家著史，大多倚重史诗、档案和其他文字作品，其中混杂着大量的传说和见闻。到现代早期，随着考古学、铭文学、谱牒学和古文书学的发展，史家鉴别和利用史料的能力大为提高。博学时代的学者运用史料批判方法整理了不少古代史料。德国19世纪影响最大的历史学家利奥波德·冯·兰克以注重档案文献和史料考订而著称，他在成名作《拉丁与日耳曼民族史1494—1514》的前言中提到，他所使用的史料主要是回忆录、日记、信函、外交报告、见证者的叙述。兰克及其弟子心目中最有价值的史料，不外是公私档案、碑刻铭文、书信、日记和回忆录，也就是所谓的"亲临其境者的记述"。这些也是20世纪中期以前欧美史家所利用的基本史料。随着史学的发展，史家对史料的认识和利用也发生了很大的变化，特别是计量方法的运用和"新文化史"的兴起，扩大了史料的范围，丰富了利用史料的方式。除了传统史料，纳税记录、生死记录、选举登记、民间歌谣、文艺作品、投票资料和日用器具等各方面的材料，都被纳入史料的范畴。波兰历史学家托波尔斯基（Topolski）总结性地写道：

---

① 梁启超.中国历史研究法[M].南昌：江西教育出版社，2018：50.

"史料的概念包括历史认识的一切来源，也就是说关于人类过去的一切信息。"①
这种史料观的形成，是欧美史学长期演变和发展的结果。

中国古代史官记录帝王言行和国家大事，官方修史或私家著述综合利用各
种文字和口碑资料。例如，《史记》主要取材于传说、见闻和传世书籍；历代
官修史书中所运用的史料，包括帝王起居注、官府文书、名人行迹、个人文
集、私家笔记等。清代学者精于经籍考证，重视利用前代文献，他们对所谓
"六经三史"大多了如指掌。擅长史料整理的荣孟源谈到，古代史家将史料分
成文字（公私文件和书籍）、金石（各种实物）和口碑三类。不过，受青睐的
一般是文字资料，越古的文献就越受重视。这种史料观存在明显的局限性，受
到了胡适、傅斯年等现代学者的非议。

到 20 世纪前期，在欧美学术界的影响下和国内考古学的推动下，中国史
学的史料概念发生了巨大的变化。史料的范围明显扩大，除传统文献之外，地
下实物、铭文碑刻、小说诗文、宗教典藏、少数民族文献和境外文献均被当作
史料。梁启超将获取史料的途径分为"文字记录以外者"和"文字记录者"两
种，前者包括"现存之实迹""传述之口碑"和"遗下之古物"，后者则指"旧
史""关系史迹之文件""史部以外之群籍""类书及古逸书辑本""古逸书及古
文件之再现""金石及其他镂文"和"外国人著述"等。由此可见，他的史料
观与古代史家已有显著的不同，反映了当时史学的新动向。傅斯年对史料的认
识较梁启超有更大的发展。他主张：从地质学到新闻纸，从地方志书到私人日
记，从考古发掘到洋行的贸易册，都应进入史料的范围。同时，他也没有忽视
"新史料"与"旧史料"的密切联系和相互作用。顾颉刚对史料的认识与傅斯
年大致相同。1927 年，他为中山大学拟订图书购求计划，准备收集 16 类书籍
资料，除传统的经史子集外，还包括丛书、档案、地方志、家族志、社会事件
之记载、个人生活之记载、账簿、汉族以外各民族的文籍、基督教会出版的书
籍及译本书、宗教及迷信书、民众文学书、旧艺术书、教育书、古存简籍、著
述稿本、实物的图像等。收购这些资料并不是完全为了史学，但它们无疑都具
有史料价值。陈垣在致台静农的信中也谈到了他对史料的看法："史料愈近愈
繁。凡道光以来一切档案、碑传、文集、笔记、报章、杂志，皆为史料。"另
据杨国桢所述，傅衣凌研究中国经济史，"特别注意发掘传统史学所弃置不顾
的史料，以民间文献（诸如契约文书、谱牒、志书、文集、账籍、碑刻等）证

---

① 尤天然. 托波尔斯基的非资料源知识理论述评 [J]. 世界历史，1991(2): 108-114, 98.

史；强调借助史学之外的人文科学和社会科学知识，进行比较研究，以社会调查所得资料（诸如反映前代遗制的乡例、民俗、地名等）证史"[1]。这种研究路径，开辟了新的史料来源。在史料概念不断扩展的同时，史学界出现了某种只重新史料而不读常见书的风气，有人对此感到不满，极端者如邓之诚，则自称只用二十四史来做研究。

20世纪80年代，荣孟源就史料的内涵提出了系统的看法，反映了中国史家在史料方面长期探索的成绩。他将史料分成四大类：第一类为"书报"，包括历史记录、历史著作、文献汇编和史部以外群籍；第二类为文件，包括政府文件、团体文件和私人文件；第三类为实物，包括生产工具、生活资料、武器、刑具、货币、度量衡器、印信、建筑、墓葬、古迹、历史事件的遗迹、模型、雕塑、照片、绘画、语言、文字、碑刻、砖瓦和纪念物；第四类为口碑，包括回忆录、调查记录、群众传说和文艺作品。在这种史料观中，史料的内涵几乎涵盖了他在生活的时代所知道的全部历史资料，可谓相当全面。不过，当今又出现了新的史料类型，这就是正在急剧增加的数字化资料等。

史料概念的拓展是跟时代思潮等有着紧密联系的，而非孤立的过程，人们著史时会很自然地借重朝廷记录和精英文集。当史家眼光同时兼顾社会上层和下层的时候，民间资料的价值就显现出来了。顾颉刚认为，谚语的价值胜过圣贤经训，民间歌谣比名家诗词更重要，野史笔记的意义高于正史官书，因为在他看来，研究一个时代，最重要的是了解这个时代的"社会心理"，而了解"社会心理"，就必须利用民间资料。[2]在20世纪中期以后的美国，多元文化主义风行一时，少数族裔的历史备受关注，与少数族裔相关的资料成为重要的史料，特别是印第安人的传说和祷文，黑人的灵歌、玩具、宗教和舞蹈，显示出了很高的史料价值。另外，领域的扩大和方法的多样化，必然引起史料范围的拓展。例如，随着妇女史的兴起，以往湮没无闻的关于妇女生活的各种资料进入史料的范畴。社会史方法的广泛采用，使契约文书、家庭账册、墓志碑刻和家谱族谱成了重要的史料；而计量方法的出现，则将原来无法利用的大量记录和数据变成了史料。反过来，史料的发现又可能导致领域的拓展和新课题的出现，甚至连带引起方法和史观的变化。例如，甲骨文资料和敦煌遗书的发现，不仅在中国古代史领域引起了重大的变化，还促成了甲骨学和敦煌学等新学科

[1] 傅衣凌.傅衣凌治史五十年文编[M].厦门：厦门大学出版社，1989：1-6.
[2] 顾潮.顾颉刚年谱[M].北京：中国社会科学出版社，1993：71.

的诞生。可见，史料概念的变化，反映了整个史学的演变历程。

二、史料教学及其内涵

史料教学是从英国传入我国的一种历史教学方式，它主张学习的重心为获取知识，而不是探究过去所发生的事情。史料教学的方式，可以让学生在探究史料的活动当中一同讨论历史，学会研究历史的方法，形成正确的价值观。这种教学方式符合新课改的要求，符合历史学科的特点，在初中教学实践中被广泛应用。

20世纪70年代，英国历史教学界出现了一股"新历史"的思潮，在此思潮的影响之下，历史教师开始尝试使用史料教学的方法。英国的学校委员会曾在1966年做了一个调查，以了解和研究学生对每个科目的期望与认知态度。参与调查的9 000多名学生中，大多数表示历史学科既无趣也无用，是不值得认真学的科目。这个调查结果让众多英国教育工作者对过去的历史教育进行了沉重的反思，他们认为学生之所以会有这个态度，必然是因为过去的教学方法出了问题。因为历史教育一方面需要在有限的课堂时间内向学生传授内容繁多的历史事实，另一方面遵循着传统的教育观念，学生只是课堂中被动接受知识的存在，所以历史课堂中经常出现的教学方式就是板书、讲述、抄笔记和念课文。学生只能被动了解各种各样的历史事实，问答环节也不会脱离书本，历史教师也很少补充教学的历史材料。最终学习成果的评价也以测试学生的历史事实记忆量为主。这样的传统教育方式让历史课堂很难迸发出活力。在这样的背景下以及布鲁纳和皮亚杰等优秀教育家提出的教育思想影响下，"新历史"这一思潮在英国历史教育界兴起，历史教师开始更注重教会学生获取知识的方式，而非单纯将繁杂的历史事实塞给学生。随着思潮的不断发展，人们意识到，将史料作为证据来探究历史问题是获取历史知识的重要途径。20世纪80年代，"新历史"思潮对英国历史教学的影响越来越大，史料教学在英国得以普及，并出现在越来越多的课堂当中。

20世纪90年代，叶小兵教授发表的《中学历史教学中史料教学的探讨》是我国展开对史料教学的研究的标志，发展至今，国内已经有了许多史料教学的研究成果。

（一）介绍国外史料教学经验的文献

叶小兵的《论史料教学》翻译了英国著名教育家蒂姆·洛马斯《历史理解

的教学与评价》中的"证据"这一章，大致内容为证据收集策略，以及在使用证据与材料进行教学时所需关注的问题。李稚勇的《论英国中学历史课的史料教学》为众人介绍了英国历史教育界的教育方式方法，认为史料教学应重视培养学生的价值观念，分析了史料教学和历史课程标准之间的相互联系。陈新民在其《英国历史教学中史料教学的经验及启示》与《英国历史教学中的史料教学》中详细分析了英国史料教学的方式、特点与作用以及其带来的启示，认为教学要注重培养学生历史证据意识，让学生掌握一定的探究历史的方式，借助史料让学生拥有批判性思维能力。陈昀洁的《英国历史教学中史料教学的经验及启示》主要是通过介绍英国的历史教学经验来给我国本土历史教育带来启示。赵晓璇在《论美国中学史料教学的策略及特点》一文中分析了美国史料教学的特点，并结合我国史料教学的现状，立足国情，指明了我国的史料教学未来发展的"路线图"。

（二）论述史料教学功能、价值和意义的文献

李稚勇在其《论史料教学的价值——兼论中学历史教学发展趋势》中提到，史料教学可以让传统的学习方式发生变化，更有利于学生提高自己的历史思维能力，养成良好的创新意识，习得历史方法，形成正确的价值观念。朱煜在《论史料教学》中，对国外学者所提出的史料教学的作用做出了归纳总结，并在此基础之上提出了史料教学的作用，包括增强历史感、形成探究精神、激发学习兴趣、增强领悟能力等。胡琼禹在《浅谈中学历史教学中史料的分类和作用》里提出，在初中历史教学当中，史料在四个方面展现出明显的作用，这四个方面分别为培养学生历史思维能力、激发学生历史学习兴趣、提升教学历史感与真实感以及引导学生参加教学活动。陈春云在《谈史料的教学意义》中认为史料的教学意义非常重要，它可以让学生有更强的学习欲望，让教学内容更加丰富，让思想教育得到加强，还可以让学生的考试成绩有所提高，培养学生的领悟能力、创新意识。王杰康在《史料教学中情感态度价值观培育功能的开发》里提到，史料教学可以培育学生的态度、情感和价值观，而现代历史教学中应重视情感体验、价值观的培育，注意建构主义理论在史料教学中的运用，关注史料教学中的移情与反省并进行史料教学情感、态度、价值观培育功能的开发。苏静通过《史料教学对培养学生史学能力的价值与实践》一文指出，在新课程改革背景下，必须学会积累丰富的史学资源，从而建设出能够满足历史教学需求、符合历史课程标准的史学资源库，主张通过史料教学让学生在教学

实践当中不断提高自己的史学能力。朱文琪在《史料教学的实践与价值——以〈开辟新航路〉为例》中提到，史料教学能让学生对历史学习更有热情，形成自主学习和深度学习的能力，还可以让学生在历史思维训练中不断增强自身的材料解析能力。邵静在《初中历史课堂史料教学的价值》里提到，将史料和初中历史课堂结合起来，无论是对于提高学生历史学习兴趣，帮助学生认知历史事实来说，还是对于培养学生的能力来说，都意义重大。学生以史料为学习历史的重要中介条件，历史课堂必须善于借助史料，发挥史料的价值。

（三）论述史料教学的教法与学法的文献

查正和在《历史学科能力的培养——史料的搜集、整理、运用》中指出，学生应在初中阶段掌握收集、整理与应用主题史料的方法，要能够分析史料的特性，划分其类型，提高自己的解析能力。龚爱琴在《在史料教学中培养学生的思维能力》中表示，历史教师在运用史料进行教学时，要注意将能力培养和兴趣有机结合，让史料融入课堂教学进程当中，实现"史论结合，论从史出"，认为历史教师可以运用史料来解决材料里的重难点问题。除此之外，还有许多学者以具体的某堂课为例子来研究史料教学，如张汉林、张斌平的《由9种课例看什么是有效的历史教学：史料信息的提取与运用——史料中的全民族抗战》，邵日高的《关于初中历史教学中史料运用的探究》，朱寿清的《基于培养学生家国情怀的历史教学中地方史料的补充——以云南抗战史料为例》，张永梅的《基于史料实证的历史教学实践：学生与文物"对话"》，等等。

（四）论述史料在教学中的运用的文献

叶小兵在《历史教科书中对史料的运用》里从四个方面对初中历史教育的发展和改革进行阐述，这四个方面分别为教科书里的史料运用方式、多样化的历史教材、史料于教学里的运用、教科书里的史料在教学里的运用。刘永刚的《史料教学让学生爱上历史课堂》讨论了如何充分利用史料进行历史教学，让学生从此爱上历史课堂。周水仙、贺琤的《探究初中史料教学运用——以人教版"鸦片战争"为例》提出初中史料教学应精选史料，准确解读史料，审慎设问等策略。陈甜的《初中史料教学与微课融合的路径及成效——以实证型微课"第二次工业革命的影响"为例》认为，若要培养学生的历史思维，史料教学要与微课融合形成实证型微课，有一分材料说一分话，从多元角度丰富史料，充分发挥史料的育人功能，有效提高学生史料阅读能力，促进学生批判性思维的形成，推动分层教学的开展。

三、开展史料教学的意义

历史教学的改革让史料教学在初中历史教学中占据的地位越来越重要，且无法被替代，史料教学将发挥越来越重要的作用，最终会进一步促进学生的历史学习。

（一）有助于学生掌握历史认识方法

历史学科是以人类历史为研究对象的学科。无论是历史认识还是历史知识都有间接性，不过这并不代表历史教师在课上要直接将历史结论展示给学生。事实上，历史教师应该放手让学生自己借助史料来认识历史，要让学生意识到历史结论并不是臆想而来的，而是借助史料通过多次论证得出的。这在历史教学当中十分重要，能使学生学会"论从史出"的历史认识方式。而且历史教师应选择各种形式的史料来进行史料教学，让学生掌握运用、分析和鉴别史料的各种方式，从而自己得到历史结论，对历史形成更加深刻的认识。所以培养学生的历史认识能力离不开史料的帮助。史料是学生形成历史认识的源头，解读史料则是学生形成历史认识的途径，史料可以帮助学生更好地认识历史。

（二）有助于培养学生的历史思维能力

历史思维指的是以历史材料为中心所进行的概括、批判、比较、解释等思维活动。拨开历史的迷雾，探究历史内在的规律和本质是历史思维的核心。史料教学鼓励学生以唯物史观的立场和方法对历史进行解释，因此历史教师要在教学中格外注意联系现实，让学生鉴古知今，将学到的知识真正地用到解决现实问题上，并在这个过程中增强历史意识和历史思维能力。

学生的历史思维包括辩证思维、形象思维、创造性思维等。在史料教学中，使用多种类型的史料可以让学生拥有更广阔的历史思维能力发展空间。比如，音像史料和图片史料可以帮助学生提升形象思维能力，而史料里的地点和时间则可以提高学生的时空思维能力，通过收集、比较、分析史料，学生可以掌握更多的史料知识和技能，这也是历史思维能力的一部分体现；而能够借助史料对现实和历史问题进行剖析与解决则可以体现出学生的历史思维能力。

（三）有助于激发学生的学习兴趣

学习的主体是学生。倘若历史课堂枯燥无味，无法引起学生的兴趣，自然也就难以吸引学生的注意力。因此，历史教师需要在备课时考虑到学生学习兴趣的问题。而要想让学生爱上历史，就需要探究学生有什么真正的需求。因为大部分学生感兴趣的事物必然有其奇特而新颖的内容，且与自己生活经验贴近，所以历史教师可以选择一些贴近学生实际生活且内容鲜活新颖的史料，让学生燃起学习的热情。

兴趣是学习的良师，若学生能够被历史吸引，自然会主动学习，学习的效果也必然不会太差。因此历史教师要注意提高学生的学习兴趣，选择一些比较贴近生活的趣味史料作为史料教学材料，因为这些史料和学生的生活有一定联系，充满时代感与趣味性，所以能够引起学生的注意，能够帮助学生更好地掌握历史知识。比如，当历史教师讲解新文化运动的"提倡白话文，反对文言文"这块内容时，可以向学生讲述下面这个小笑话（图1-1）。

从前有个秀才到城里闲逛，看到一则征婚启事，上面写着："乌黑头发无麻子脚不大周正。"秀才觉得这姑娘很不错，就把她娶回家了。回家一看，秀才差点儿就晕过去了。你们知道为什么吗？

图1-1　历史教学中的小笑话

这个笑话明显展示出了文言文的缺陷，达到了教学要求的效果，也能调节课堂气氛，调动学生的学习积极性，实现快乐教学。

（四）有助于养成学生的探究精神

新课改主张转变学生学习方式，从传统被动学习的状态转变成主动学习的状态，从死记硬背转变成深入探究。曾经的历史教学以学生识记为主，认为识记了各种地名、年代、人名和事件便是学习了历史。这种被动学习明显无法较好开发学生的能力，更遑论让学生利用掌握的知识解决现实问题了。史料教学鼓励学生收集、辨析、运用史料，并以此进行探究式的学习，从而更加深入地了解历史，通过跟史料的对话，学生得以主动进行学习，其学习方式发生了符合新课改要求的改变。

史料教学培养的人才有独立思考的能力，可以主动探究各种问题，能够适应时代的发展需求。史料教学不是单纯强制学生死记硬背各种基础历史知识，而是以培养学生的探究精神为目的，让学生在解决问题的过程里，逐渐形成属于自己的历史认识。比如，当讲到《美国的独立》一课时，历史教师可以将"美国人怎样把权力关入笼中"作为主线，分成新国新问题和新法新体制两个环节进行讲授。教学设计片段如下：

片段一：

教师展示以下材料。

人类千万年的历史，最为珍贵的不是炫目的科技，不是大师们浩瀚的经典著作，不是政客们天花乱坠的演讲，而是实现了对统治者的驯服，实现了把他们关进笼子里的梦想。……我现在就是站在笼子里向你们讲话。

——美国总统乔治·沃克·布什（小布什）在任期内的讲话

教师引导：小布什所说的"笼子"指什么？美国人是如何一步一步将权力关进"笼子里"的？

片段二：

播放视频：《美国联邦制》。

设问：美国独立之后的政体是什么？该政体有何弊端？

预期答案：美国政体是邦联制。邦联是较为松散的联盟；在经济上遭受损失；无法制定统一的外交政策；尽管国家存在国会，但是过大的地方权力导致国会形同虚设。

教师引导：美国的邦联制让其成为一个十分松散的国家联合体，软弱无力的中央政府无法稳定美国动荡的政局。所以美国应尽快建立一个掌握大权的强有力的中央政府。

设问：美国政治家面临一个难题，怎样在保持美国共和政体的前提下建立起强有力的中央政府？

第二节 史料的分类与选取

一、史料的分类

史料从历史学视角来看就是历史研究的材料，而从中学历史教学视角来看，便是进行史料教学时需要运用到的资料，而这些资料有多种形式，根据不同的教学需求，可以从三个角度进行分类。

根据史料性质可将史料分为文字史料、实物史料、口传史料、电化史料等。

文字史料还可以细分成原始文字史料、文艺史料、非第一手文献资料等。其中，原始文字史料包括金文史料、甲骨文史料、撰述史料；文艺史料指戏剧、诗歌这一类文艺体裁的史料；非第一手文献资料则为专业学者的研究成果。在史料教学当中，历史教师应以原始文字史料为主，因为史料所反映出来的历史比史学家所叙述出来的历史有更高的可信度与准确性，且拥有历史感与真实感。历史教师也可以引入一些非第一手文献资料，为学生展示同一史料下的多种观点，培养学生的历史思维。文艺史料主要属于文艺范畴，能旁证史料。

实物史料是客观存在的所有涉及人类历史发展的实物，包括古遗址、古建筑、博物馆和陈列馆中摆放的实物等。历史教师可以借助多媒体设备为学生展示实物照片，让学生提起学习历史的兴趣，逐渐全身心投入探究历史的活动当中。

口传史料是通过历代口耳相传所保留下来的过往人类的言行。正如梁启超所言"十口相传为古"，可见口传史料也有着重要的地位。常言道"有口皆碑"，这说明口传史料具有与碑文记载的史料相同的重要价值。口耳相传也是文字发明之前保留史料的基本形式。我国曾有许多学者名家通过口传史料来研究历史。例如，孔子正是借着其听闻的口传史料编著了《春秋》，司马迁在编写《史记》时也参考了许多口传史料。不过口传史料的丰富程度和完整程度较文字史料更低。

电化史料包括录音、摄影、录像、电影等。历史实录可以让学生体验到更为真实的历史，和其他史料相比，其对学生历史感的培养效果更好。比如，历史教师可以在教授抗日战争有关内容时，为学生播放日本签署投降书时的仪式录像，引起学生的共鸣，加深学生的印象。不过，在使用影视史料时要格外慎重，虽然其反映了一个时代的主题，而且比其他史料更为生动，能让人们更投入地了解各种过去的事件，但其仍旧是经过艺术加工的史料，属于艺术范畴，虽然可以将其作为史学研究的参考，但其可信度和严谨程度是存疑的。

根据史料的呈现形式可将史料分为文字史料、实物史料、音像影视史料、图片史料、数据史料等。

此分类方式与上述分类方式类似，包括上述的文字史料、实物史料、音像影视史料（电化史料），并增加了图片史料与数据史料两个类型。

图片史料具体有两种，分别为原始性图片史料与再造性图片史料。文献、文物、古画、人物照片等能将历史清晰、直观、真实反映出来的史料就是原始性图片史料；而后人以史料为基础创造的历史图画，如漫画、历史画面和人物像，就是再造性图片史料。显然，后者的史料价值远远不及前者。此处需要注意两个方面：一是图片即为史料。文字史料难以表述的一些内容可以通过图片史料直观、清晰地展现出来。比如，在讲到商代的青铜器时，历史教师可以为学生展示四羊方尊与后母戊鼎的图片，这些图片让讲述有了依据，让学生更直观地认识和了解了当时的历史，图文相得益彰，加深了学生的理解。在讲解19世纪末期列强瓜分中国的内容时，历史教师可以让学生自主阅读教材文字，并观察教材里的《时局图》。该图将当时列强对中国的瓜分形势展现得生动而形象，可谓一目了然，可以让学生瞬间明了中国当时的危急情况。二是图片证实史料。将文字史料表述的问题用图片史料佐证，增强历史可信度。例如，在讲述《太平天国运动》一课时，教材中使用了一段文字史料来讲解太平天国的"耕者有其田"政策，并配了一幅图，图中是李秀成所颁发的田凭，可谓图文并茂。

数据史料是统计数字并以图表形式展现出来的史料，此类史料在历史教学中也有一定比例。其可以直观展现出历史现象的变化趋势，可以培养学生的定量和定性分析能力。

根据对史料的认识可将史料分为直接史料和间接史料。

直接史料即接近或者直接在历史发生时产生的，可以直接以此来透视历史问题的史料。间接史料则是后人以第一手史料为基础进行诠释或者研究所得的史料。历史认识是直接与间接认识的结合，且主要依赖间接认识。因此在史料教学中，历史教师要将直接与间接史料进行有机结合，加强对直接史料的重视，让学生通过这些史料探索历史规律，发现历史本质。

二、史料的选取

（一）史料选取的方向

1.从历史教科书中寻找史料

历史教科书当中有众多专家学者的心血和成果，毋庸置疑是最佳的教学素材。每个版本的历史教科书都可以提供多种多样的史料供历史教学，如岳麓版历史教科书的"阅读思考"等板块，部编版历史教科书的"历史纵横""学习延伸"等板块，人民版历史教科书的"史实争鸣"等板块。历史教师可以从其他版本的历史教科书中挖掘史料，作为教学的补充内容，让学生学会如何分析、阅读史料，如此一来可以有效提高教学效率。

2.从经典历史著作中寻找史料

史料教学必须注重史料的真实性与客观性，因此，第一手史料或者比较合理的第二手史料在史料教学当中最为常见。历史教师要不断积累自己的知识，阅读历史经典著作，做到胸中书万卷，方能让历史课变得更加生动，更具深度和广度。历史教师需要阅读的不仅包括古代的经典历史著作如《史记》《汉书》等，还包括近现代中外历史学家的著作，历史教师需要从这些书籍当中获取源源不断的史料，并将史料与教学融合。近现代的历史著作可以选择费正清的《剑桥中国晚清史》《剑桥中华民国史》、沈志华的《一个大国的崛起和崩溃》、樊树志的《国史十六讲》、英国阿诺德·汤因比的《历史研究》、钱穆的《国史大纲》《中国历代政治得失》、黄仁宇的《赫逊河畔谈中国历史》《万历十五年》《中国大历史》等。

3.从网络资源中查找史料

随着计算机技术的发展和互联网的普及，我们拥有了更加便捷的搜寻史料的途径。中国知网、万方数据知识服务平台和维普网可以为我们提供学术文献检索服务；百度百科、互动百科等网络百科全书平台为我们提供知识检索服务；中国史学网等专业历史研究网站让我们可以了解到历史研究相关信息；中国历史博物馆等历史知识普及类网站可以向广大网民提供科普服务；中学历史教学园地等专门的中学历史教学网站为广大历史教师提供相关的教学信息。通过网络，历史教师可以获得非常丰富的史料，以供教学使用。

（二）史料选取的基本原则

在常规教学中，史料的选取要以六个基本原则为主，即科学性、多样性、典型性、针对性、适量性、系统性。

1. 科学性原则

该原则主要指史料必须具备真实性。在傅斯年看来，史学其实就是史料学。而历史知识最基本的特征就是史料的真实性。不过，这里的"真实"其实属于相对概念。因为后人所能接触的史料往往并不全面，都是从各种史料当中总结叙述历史，鉴于各种因素的影响，必然无法保证某个具体历史事件的史料的系统、真实与全面。因此，在实际教学过程当中，历史教师应按照以下顺序来选取史料：第一，若有第一手资料则不要选第二手资料；第二，若有编写书记应放弃选用专著；第三，若有实物资料应放弃选用文字资料；第四，若有视频资料则应放弃选择图片资料；第五，选择的资料应在时间与空间上与叙述主体较为靠近；等等。

2. 多样性原则

多样性原则即史料应足够丰富。也就是说，选取的史料必须保证"全面"：一是在呈现形式上可以选择图片史料、文字史料、影视资料、历史遗迹等；二是在组织形式上可以选择照片、思维导图、坐标图、表格等；三是在来源上可以选择文献资料、网络资料、课堂生成性资源等。

在选取资料时，历史教师要保证材料的多样性，如此方能保证历史被更好地诠释，学生更加深入地理解历史，提高学科素养。总之，要以服务教学为史料选择的标准，既要保证史料的多样性，也要注意控制史料的"量"。

3. 典型性原则

典型性原则是指历史教师要秉持"少而精"的原则选取史料，使用最为典型的材料进行历史教学。

4. 针对性原则

针对性原则是从教学目的的角度来看必须遵循的原则。教学的目的因教学目标、教学对象等因素的变化而变化，可远可近，可大可小，远至学生的终身发展，近至当下的考试评价，大至培养优秀合格的公民，小至掌握具体的能力和知识。

新课改下历史学科五大素养为史料实证、历史理解、历史价值观、时空观念、历史解释。历史教师要在实际的教学过程当中落实各种素养要求，最终达成上述教学目标。

5. 适量性原则

适量性原则即历史教师应掌握好史料在教学中运用的数量，不可过少，也不能太多。一节历史课只有 40 分钟左右，因此史料可以控制在 10 条往上，15 条往下。超过这个数量，学生可能会难以一口气接受，而低于这个数量则会显得课堂内容过于单薄，不利于提高学生的学习效率。

6. 系统性原则

系统性原则就是在将课作为单位进行教学设计时，应从整体上考虑材料的选取，要有起牵引作用的材料，有起主导作用的材料，以保证教学的系统性。

综上，历史教师在选取史料时，第一，要以科学性原则为首要条件，将材料的作者、出处等标明，倘若能够替换更好的材料，就不要将就着使用过去的材料；第二，从多样性角度来看，要选取文字、表格、图片等多种多样的材料，将历史的丰富性呈现出来；第三，从典型性原则出发，选择的史料必须能够为教学服务；第四，从针对性原则出发，以培养学生的学科素养和历史价值观为目标，选择能够增强学生历史理解能力的史料；第五，要坚持适量性原则，根据学校的实际情况和学情来选择合适的史料；第六，要坚持系统性原则，考虑到课程对于整本教材乃至整个初中历史教学起到的作用，应站在整体的角度选择材料。

（三）史料选取的主要特点

1. 符合学生认知特点

在每一个学习阶段，史料都会发挥出不同的作用，所以历史教师应选择能够满足学生不同阶段需求的史料来进行历史教学。在对部编版初中教科书史料进行统计之后，可以看到教科书在每个学习阶段都有不同的选取史料的侧重点。比如，部编版的历史教科书七年级下册，选择的史料主要是文艺史料和图片史料。在部编版七年级上册历史教科书的《青铜器与甲骨文》一课中，有一张甲骨文图片，旁边还配上了甲骨文的小故事。与课文内容紧密相关的图片和生动有趣的故事吸引着学生主动学习历史，有效提高了学生的学习效率。

2. 多结合史料开展探究活动

教科书编写者对史料进行精选细选，是为了帮助学生更快、更好地认识历史，让学生能够通过史料来还原历史，掌握学习历史的方法。在对多种类型的史料进行探究之后，学生也会逐渐明白什么是历史证据，并掌握获取历史证据的方法，此类学习方法也与当前所鼓励的新教学理念相符。我们可以看到，部编版历史教科书让学生拥有许多机会去处理史料，将史料作为学习活动开展的基础，让学生在史料探究过程中学习历史。

三、史料的呈现

（一）故事化呈现

史料最为常见的呈现方式就是材料解读。倘若历史教师可以让那些具有叙事性的生动的史料以故事的形式呈现出来，就可以让复杂难懂的历史现象变得更为简单易懂，让内容枯燥的历史评述更具趣味。而故事化呈现就是围绕事件所形成的充满吸引力的历史叙事，这种叙事具有四个基本要素，分别为生动形象的人物、新颖有趣的题材、引人期待的悬念和让人欲罢不能的情节，学生很容易接受这种故事化的史料，课堂教学效率也会因此提高。

要想让史料转变成一段精彩有趣的历史叙事，需要经过以下几个步骤：首先，故事化呈现的前提在于借助大量阅读挖掘合适的题材。很多史料并不会直接呈现为故事，它需要历史教师根据教学的主题来收集相关的史实细节资料，再根据教学目标来提炼有趣的故事题材。其次，故事化呈现的核心在于对史料进行补充，构思出合乎情理的情节。从史料中提取出故事之后，要根据史料的时代背景来对史料进行补全，创作出发展过程跌宕起伏、历史细节灵动鲜活、人物行为符合逻辑的故事，从而吸引学生的注意力，让学生投入历史学习当中。但值得注意的是，故事应短小精悍。最后，故事化呈现的目的在于设计出能让学生主动探寻的悬念，启发学生思考。故事化呈现既是在传递史料信息，也是在探究历史问题，之所以采取讲故事的方式，是因为这样可以方便学生理解历史的内涵。学生会被历史故事中的悬念吸引，不断探究，从而实现知识的迁移和创新。让学生主动对史实进行评判和分析，可以避免传统课堂中学生被动接受知识的情况。这样，在进行史料教学互动的过程当中，学生有了一个思考的空间，历史教师也能及时获取教学反馈。

故事化呈现可能让史料的原始形态发生变化，所以我们必须对史实保持尊重，不可选用媚俗或存在谬误的资料，对于场景和一些细节可以进行合理想象，但不能改变历史的趋势以及关键的人物、事件等元素，不能因追求情节有趣而偏离史实。要始终记住一点，故事讲述只是教授历史的一个手段，让学生认识历史才是真正的出发点，故事讲述既要追求故事性，也绝不能放弃学术性。除此之外，故事化呈现让史料载体转变成了教学语言，因此，要使用简单、朴实、易懂的口语化表达方式，既要保证故事讲述风格生动活泼、引人入胜，也要保证历史教学内容规范而准确。

案例："抗日风潮中的岳飞形象"故事教学设计

历史教师展示以下材料：

1935 年 3 月 5 日，南京特别市市长石瑛签发训令第 2315 号，严禁吕思勉《白话本国史》于未删正前在南京销售，并签发公函称："按武穆之精忠与秦桧之奸邪，早为千秋定论。该书上述各节撷拾浮词，妄陈瞽说，于武穆极丑诋之能，于秦桧尽推崇之致，是何居心，殊不可解。际此国势衰弱，外侮凭陵，凡所以鼓励精忠报国之精神，激扬不屈不挠之意志者，学术界方当交相劝勉，一致努力。"

——胡喜云、胡喜瑞《民国出版史诉讼案中的吕思勉》

上述史料所提事件发生的背景是，吕思勉所著的《白话本国史》中存在赞扬秦桧、贬低岳飞的内容，南京市政府要求教育局将此书查禁。历史教师可以在课程进行到"20 世纪 30 年代民族危机加重"时，为学生展示此段史料，让学生围绕着"1935 年"这个关键词，并结合掌握的知识来解读材料，认识到当时南京市的市长石瑛提到的"际此国势衰弱，外侮凭陵"即 1931 年"九一八"事变后日本的侵华行为，它导致中国的民族危机加深。通过故事化呈现，这则内容较为干瘪的材料将会变成启发思想、引人入胜的历史叙事，历史教师采取新的教学方式对历史事件进行阐述和复原，能让学生拥有一个新的思考与观察视角。本案例具体实施策略如下：

第一步，搜索资料，深入了解当时背景，收集各种故事素材，从史料出发，使用"岳飞形象""石瑛""吕思勉"等关键词来搜索相关资料并进行阅读挑选，最终提炼出一个"抗日风潮中的岳飞形象"的故事主题。

第二步，塑造人物形象，即热爱国家、主张抗日的当时南京市市长石瑛和贬低岳飞、崇拜秦桧的史学家吕思勉，双方眼中不同的岳飞形象构成了戏剧冲突。

第三步，构思整个故事情节，借助各种细节来展现人物形象，以悬念启发学生的思考。吕思勉所著的《白话本国史》虽然提出"岳飞属于军阀"这一饱受争议的观点，不过当时的社会依旧对此书有不错的评价，直到 1931 年，吕思勉这种崇拜秦桧、贬低岳飞的行为受到舆论指责，事件逐步酝酿，最终在 1935 年形成一个影响力较大的事件，当局即刻禁止销售此书，禁止学生阅读，吕思勉更是背上了外患罪的罪名。在故事讲到这里时，历史教师可以提出一个问题来引发学生的思考，那就是：为何此书发行了十二年之后突然出现了这么多反对的声音？

曾经内容较为枯燥的史料在故事化呈现之后变得更为鲜活，便于历史教师引导学生一同还原客观而真实的历史。自 1931 年之后，日军先后制造了多起事变，进一步加剧了中日民族之间的矛盾，在当时民族危机严重的背景之下，人们认为"崇秦贬岳"就是在贬低抗日风潮，维护奸邪小人。历史教师也可以进一步启发学生，让学生思考：为何在十二年前这本书刚出版时，没有人对其内容有所质疑？事实上，十二年前正是国民大革命时期，当时社会上流行的口号就是"打倒列强，除军阀"，吕思勉书中所提出的观点与民意相符，自然不会有人反对书中内容。然而到了 1935 年，中日矛盾不断激化，各界都开始主动抗击外敌，此时的主流民意需要的是一个精忠报国的民族英雄形象，因而对贬低岳飞的行为提出质疑。由此可见，时代的需求从某种程度上对岳飞形象的塑造产生了很大的影响。

（二）可视化呈现

文本是历史教学当中最为常见的史料形态。不过一些文本由于其文字繁多、内容抽象，无论是呈现在课件中还是讲义里，都很难让学生阅读和理解，很难激发学生的学习热情。而史料的可视化呈现就是将史料文本当中的关键内容以图解的方式直观而形象地展现给学生，史料以可视化呈现代替了以往的文本表达，经过这番重构之后的史料能够被更好地理解与运用，也更具感染力和冲击力，能够给学生留下深刻印象。

在史料可视化呈现时，需要关注三个基本问题：一是可视化的过程必须规范，在教学过程中将文本史料进行可视化呈现时，需要进行文本的挖掘和转换、视觉呈现和交互以及史实解读和阐述，因为可视化并非单纯将事实的信息传达出来，它还承担着传输经验、期望、观点、见解、预测、价值观的责任，而且会通过此方式让他人正确地记忆、应用这些知识；二是可视化对象必须明确，并非所有史料都能够进行可视化呈现，只有视觉素材比较丰富或者数据统计型的史料才是最好的选择；三是必须掌握可视化的各种手段，例如将文本转化成动画、漫画、视频、数据图表或历史图像等。

以图表的方式来呈现史料数据需要三个步骤。第一步为提取数据并对其进行分析，将史料当中不必要的繁杂信息进行排除，提炼出数据的教学意义，之后再选择合适的图表呈现样式，因为图表呈现只是手段，运用史料进行教学才是真正的目的所在。而想要提炼抽象的数据的教学意义，历史教师可以将关注点放在异常数据之上，对其反映的特殊的历史现象和其产生原因进行深入挖掘，或者将多个数据进行对比，以定量分析的方式来获取历史结论；除此之外，还可以对时间序列数据进行分析，找到历史的发展规律和未来趋势。第二步为设定视觉呈现效果，要根据史料的具体情况选择最适合的图表形式，包括折线图、表格、柱形图等，建立史料和视觉形象之间的逻辑关系。第三步是对历史问题进行阐释和论证。学生在对统计数据进行分析之后，逐渐加深对历史事物之间关系的认识，并借助知识迁移探究图表背后的历史原因，最终得到一个比较可信的客观史论。

在进行经济史教学时，经常会使用图表呈现方式，因为其包含许多数据文献，如物价、赋税、工业产值、食物产量等。除此之外，文化史教学也可以运用各个时期中外科技发明统计，政治史学则可运用中国和外国建交的数据统计，等等。

案例："唐代科举制"命题设计

江苏某年高考历史卷第2题的材料是进士出身分布比例饼状图（图1-2）。《唐书》中记载了830名进士出身的分布情况，由于文字量较大，在试卷上无法直接呈现，而采取裁剪、取舍、组合等方式对史料文本进行处理也不太合适，所以命题者将进士的出身分布情况进行统计之后，将其进行可视化呈现，最终形成的饼状图有效提高了史料信息的传递速度，考生可以直观地看到其中蕴含的信息，并察觉到唐代科举制的缺点，即虽然兼顾很多阶层，但仍有待完善。

图1-2　进士出身分布比例饼状图

以图像的方式呈现史料的信息一般有图像替代与插图辅助这两种方式。前者将原始史料完全隐藏，借助呈现出来的图像呈现信息，有利于激发学生的想象力，培养学生思考和观察能力；后者则是将文本与图像进行有机结合，通过插图方式来呈现史料的信息，从而起到拓展、补充、说明作用。可视化呈现要求历史教师必须充分理解原始史料，只有对史料文本中所蕴含的历史信息以及教学意图有了明确的理解，才能找到最匹配文本内容的历史图像。在搜寻图像时，既可以借助互联网搜索引擎寻找合适的图片，也可以自己绘制，不过要注意图像必须和史料有内在联系。

（三）场景化呈现

在教授学生基础知识方面，传统历史教学会在课本中呈现史实，而以史料为基础的常规教学方式则是在课件中呈现史料，但这两者其实都是历史教师单方面向学生灌输观点，因为前者没有认识历史的依据，后者很少会加上对史料的分析过程。而史料的场景化呈现，并不是要求历史教师激发学生的情感，向学生呈现史料，并带其进入教学情境当中，而是要历史教师帮助学生收集史料，在具体任务场景当中将史料呈现出来，从过往的传授型呈现变成任务型呈现，不再遵循展示史料、解读史料、印证史实这一教学顺序，而是转变成学生收集史料、运用史料、反馈成果的顺序。如此一来，学生在学习中的主体性便得到了凸显，有利于提高自主学习能力。

不过场景化呈现其实是一把双刃剑，如果使用不慎，很可能弄巧成拙，所以历史教师要重视学生的参与，不可流于形式，不管是在史料的收集整理上还是在研究运用中，都要鼓励学生主动参与活动，形成主动探究的意识，通过设计合适的任务驱使学生学习历史。历史教师还要注意史学研究方式，让学生在探究史料、学习历史的过程中形成史证意识、求真意识、批判意识，提高逻辑推理能力，在一次次的活动中逐渐掌握更多的历史研究方法。

案例："中国为何在甲午战争中失败"场景教学记录

在讲甲午中日战争时，历史教师会问学生中国当时为何会战败，一些学生会根据课本中的一些字句认为这是李鸿章错误的避战策略所导致的，还有一些学生积累了一定的课外知识，会认为这是慈禧过于腐败，将海军的军费用来修建颐和园导致的。可见，如果史料不够充足，得到的历史结论难免是肤浅和片面的，而课本因篇幅有限，很难将史料全面呈现出来，所以历史教师可以设计一个"学术研讨会"场景，让学生有一个根据史料来探寻甲午战争失败原因的空间。

　　首先是学生收集史料阶段。历史教师在该阶段要提醒学生在寻找材料时不能带着结论找，而应该在对史料进行分析之后再得出结论。学生可以通过互联网与图书馆找到各种各样的史料，例如学术专著、诗歌、书信、视频等，在这一过程中，学生的参与性和主体性可以得到极大发挥。其次是整理分析史料阶段。学生收集的史料可能来自各个地区和国家，历史教师要指导学生根据史料的来源进行分组学习，从西方、日方和中方等多个角度对史料进行多元化的分析，确保结论的全面、客观。学生代表在呈现史料、阐述观点时，要突出探究的过程（学生积极主动地思考与行动）而非结果（学生说出历史教师预设的答案）。

　　从中方组史料来看，从唐德刚的《晚清七十年》中写到的北洋水师在定远号主炮炮管上晾晒衣服可知，清兵军纪涣散，素质低下；而从黄遵宪《东沟行》中的诗句"人言船坚不如疾，有器无人终委敌"可以看出，清军缺乏优秀人才，自身腐败，武器的优势无法充分发挥；从凤凰网防务短评中写到的甲午战争前日本经济总量大约只有中国1/8，但中日两国财政实力几乎持平，可以看出清政府当时腐败无能，而日本实现经济近代化；从《世纪大讲堂》节目中雷颐讲述《一本书的命运与甲午战争》可以看出，当时的统治者思想僵化、不思进取，而日本则通过明治维新迅速崛起。从日方组史料来看，从宗泽亚《清日战争》中可以得出结论，即清军有更好的装备和武器，但在兵役制度、军事战术、交通运输、媒体宣传等多个方面都不如日本；从《绝版甲午：从海外史料揭秘中日战争》一书中可以看到，日本对情报收集十分重视，所以其对清军的了解极为透彻；在伊东祐亨致丁汝昌的劝降书中，日方的伊东祐亨说中国是"墨守常经不谙通变"，但是日本已经"急去旧制，因时制宜，更张新政"，由此可见，当时的中国政治制度已经比日本落后了。从西方组的史料来看，1894年《哈珀斯周刊》所载的朱利安·拉尔夫《可怜的老中国》一文，其中提到当时的中国人缺乏对国家的责任感与爱国精神，没有同仇敌忾的意愿，由此可见，当时中国国民缺失了团结一致的意识，但是日本却是举全国之力。

　　历史教师在这个研讨场景中，需要承担起衔接和串联话题的责任，也要担负起发现问题与推动问题解决的任务，特别是在史料呈现导致认知冲突出现的时候。比如，一个学生将高考试题中李鸿章的一句话"政府疑我跋扈，台谏参我贪婪"作为史料，并得出了甲午战争失败的原因是同僚倾轧、军费不足、朝廷猜忌，然而结合课本中所描述的甲午海战当中李鸿章的表现，一些学生认为这则史料只是李鸿章推脱责任和狡辩的话语。历史教师要注意，在引导学生对历史人物进行评价时，要让学生从当时的历史条件出发进行思考，不能给予过高的评价，也不可全盘否定，要让学生意识到无论是试题里的史料还是课本中的材料都是史实，只是在表述上有不同的侧重点，同时向学生介绍洋务派和清流派在朝廷中的内斗导致中国实力进一步被削弱的内容。又如，当学生呈现陈悦《北洋海军军舰"主炮晾衣"说考辨》一文时，大家发现此史料和"主炮晾衣"的史料相互矛盾，此时历史教师要注意引导学生进行严谨考证，让学生通过辨析事件的发生地点、涉事军舰的名称等细节，认识到要慎重使用"主炮晾衣"对甲午败因进行论证。

倘若没有全面了解史料，对史料没有透彻的理解，那得到的结论自然是片面的，通过收集和场景化呈现史料，学生可以在历史活动当中对历史现象的成因进行更加客观的分析，并以撰写小论文的形式总结研讨成果。史料的场景化呈现让学生得以体验历史，有利于提高学生的历史学科素养与自主学习意识。

一节历史课精彩与否，成效高低，一定程度上取决于史料的呈现效果。本书以史料呈现的载体、形态和主体为切入口，分别探讨故事化、可视化和场景化这三种优化策略，并不是为了完全替代或者颠覆常规史料的呈现方式，而是要让以史料为基础的教学方式达到更好的教学效果，让学生更加牢固地掌握知识，更深刻地理解历史，最终得到更好的历史课堂效果。

第三节　史料应用的基础

一、历史学基础

首先，从历史认识论的视角出发，人们是能够认识历史的。在史料的帮助下，历史认识主体能够在人类的社会实践与对历史研究的基础之上探究历史规律和历史真相。虽然史料难免会存在一定的主观性，无法完全代表真实的历史，但我们必须承认，史料当中存在的信息能够反映客观的历史真相。正如马克思所言，研究必须充分地占有材料，分析它的各种发展形式，探索这些形式的内在联系。马克思和恩格斯在 19 世纪 40 年代创立的历史唯物主义学说让历史学经历了一次革命性的变革，为历史研究提供了科学的理论指导，让历史学成为历史科学。列宁认为马克思和恩格斯的唯物史观为众人开辟了一条科学研究历史的道路，也就是将历史作为一个复杂且矛盾但其中却蕴含规律的统一过程进行研究。

其次，从历史方法论视角出发，史料学、目录学等都为历史教学提供了方法。历史科学以研究历史发展规律为任务，而史料学以收集、研究和编辑史料为任务，并服务于历史科学，所以两者之间有着无法分割的紧密联系。史料学注重收集、整理、考订、校勘史料，最终所得成果也能从方法论上指导史料教学。史学研究中有大量的基本研究方法，如历史比较法、阶级分析法、历史综合法等，这些也都可以从方法论上指导历史教学。

二、教育学基础

初中历史教学的史料教学主要基于两种理论，即建构主义理论和多元智能理论。

（一）建构主义理论

建构主义诞生于 20 世纪 80 年代的西方社会，是行为主义发展成认知主义后进一步发展所形成的认知理论。该理论产生并发展于维果茨基、布鲁纳、杜威、皮亚杰等人的思想基础之上。

1. 建构主义的知识观

在建构主义理论当中，知识具有三个特点：第一，主观性，它是个体自身的观念和知识与个体在学习过程中所遇到的新情景或思想相互作用形成的，是个体的理解，由个体所创造；第二，相对性，也就是说知识并非客观真理，它是人们对外界事物的主观看法、阐述或假定，不是永恒不变的真理，因为科学的发展会不断修正人们对世界的认识；第三，情境性，它和世界上的其他存在具有联系，并不孤立存在，所以知识构建也应在情境中进行。

综上，可以看出历史教师不能以定论的形式将历史知识直接灌输到学生脑中，而应该让学生参与到探索和研究历史的活动中，使学生在参与活动过程中自主构建历史知识体系；历史教师要认识到历史知识具有相对性，应鼓励学生研究历史中存在争议的种种问题，认识到学生的学习包括理解新知识以及分析、批判和检验新知识。历史教师要坚持教学创新，从而创设出更多能够激发学生兴趣的历史情境。

2. 建构主义的学习观

建构主义的学习观主张学生借助自己原来的知识基础，在特定的学习情当中，主动地建构起全新的知识体系。建构主义学习模式如图 1-3 所示。

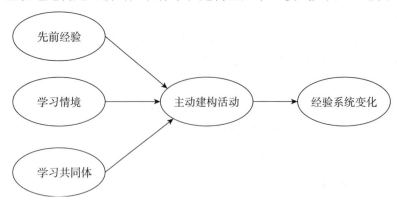

图 1-3　建构主义学习模式

从建构主义的学习观中可以得出以下启示。第一，历史教师要先了解和把握学生的学习能力和他们已掌握的知识，再以此为基础进行史料教学设计。如此一来，可以更好地调动学生的学习积极性，帮助其构建新知识体系。第二，可以依靠情境进行历史知识体系的构建，让学生在情境中自主构建知识体系。比如，让学生解读和分析史料，再以角色扮演等方式还原历史事件，提升学生的参与感，提高学生学习的积极性。第三，要认识到历史学习不仅是学生自身进行知识体系建构活动，同时还是学生们相互合作建构知识体系的一个过程。相同的史料在不同的学生眼中可能会有不同的认识和解读，历史教师要和学生组成一个学习共同体，保证师生之间关系的平等、民主，从而鼓励学生将自身的理解和想法分享出来，在合作学习中掌握历史知识。

（二）多元智能理论

多元智能理论是美国著名教育学家霍华德·加德纳在 1983 年创立的理论。该理论认为人至少有八又二分之一种智能，其中的八种分别为言语语言智能、数理逻辑智能、视觉空间智能、音乐韵律智能、身体运动智能、人际沟通智能、自我认识智能、自然观察智能。加德纳认为，每一种智能在人类认识和改造世界的过程中都发挥着巨大的作用，具有同等的重要性。[①] 多元不是一种固定的数字概念，而是开放性的概念。个体到底有多少种智力是可以商榷和改变

① 舒扬.探索人类智能的无限丰富性:《多重智力》部分篇章摘编[J].河南教育: 基教版(上), 2003(1): 26-27.

的。他所提出的八种智力的观点，在某种程度上还只是一个理论框架或构想，随着心理学、生理学等相关学科的进一步发展，多元智能的种类将可能得到发展，而且每个人都有不同的智力结构，在智力上也存在差异。所以加德纳认为学校教育应以开发学生的多种智力，让学生找到与自身智力相匹配的爱好和职业为宗旨。

从多元智能理论中可以得出两点启示：第一，历史教师在进行史料教学时，要鼓励学生进行各种认知活动，如对史料进行比较、分析、归纳、综合等，以开发学生各方面历史学习能力为教学目标；第二，历史教师要根据每个学生不同的智能特点，选择最恰当的教学方式，因材施教，促进学生的智能发展。

三、心理学基础

人本主义心理学是初中历史进行史料教学时主要遵循的心理学理论。它兴起于 20 世纪 60 年代的美国。虽然人们认为"人本主义心理学之父"是马斯洛，但是美国著名教育学家、心理学家罗杰斯其实才是在教育方面产生最大影响的重要人物。

从学习观来看，在人本主义心理学理论中，人的本性是好的，是积极向上的，人类具有学习的自然倾向或学习的内在潜能。自我实现就是一个人尽力成为他期望成为的模样。马斯洛由此提出了内在学习，鼓励教师激发学生的内在驱动力，让学生的潜能得到充分发挥，使学生在学习中达成自我实现的目标，这种学习是自觉的、主动的、具有创造性的。罗杰斯也提到，当教师能够为学生提供自主确定学习方向的机会，让学生能够自己提出问题、搜寻并选择学习材料，感受学习结果时，学生获得的学习效果是最好的。

从教学观上看，罗杰斯眼中的人本主义教育目标是培养出具有主动性、适应性、创造性与灵活性的人，培养出充分发展自我个性的人，强调要重视人的价值与尊严，关注学生的需求和情感。此外，罗杰斯主张将课堂教学模式转变成以学生为中心的模式，不设置固定的教学结构与教学内容，教师不进行任何指导。

在人本主义理论当中，学生的主体地位得到了最大程度的提升，但人本主义的局限性体现为其对学习的主张是绝对自由。对此，斯金纳表示，如果学生们失去了教师的指导，完全处于自由学习情境当中，他们反而会被另一种不自由掌控。更通俗地说，倘若完全让学生自主学习，学生或许会不知道如何进行学习，课堂也会因此失控。

不过人本主义理论当中依旧有许多值得借鉴之处。首先，每个人生来都倾向于自我实现，都有追求真理和智慧的美好愿望，而学习的过程其实就是在进行自我实现。所以史料教学也要改变以往传统历史教学模式，不再让初中生单方面被动接受历史教师传授的知识，而是将学生的积极性和主动性充分发挥出来。比如，在某个教学范围内，鼓励学生选择最感兴趣的内容进行自主研究，鼓励学生搜寻各种史料，并通过自主学习、合作学习与探究式学习等方式来理解和掌握历史知识，增强自身的历史学习能力，形成积极、健康的价值观念。

其次，人本主义提倡学校开设知识课程、情意课程以及自我实现课程。知识课程主要涉及自然科学、人文科学与社会科学方面。情意课程重点发展学生认知领域之外的能力，包括发展学生的情绪、态度、价值、判断力、技术、音乐、美术，以及经过部分改革的体育、健康教育、语文等学科。自我实现课程是将前两个课程进行整合之后形成的课程，其将情感和认知进行统一，以启发学生探求人生意义、实现整体人格为课程目标。由此可见，在人本主义理论当中，课程设置既要考虑到知识的获取，也要注意培养学生情感、态度、价值观，让学生实现全面发展，而这些要求也跟新课改中的三维目标是一致的。史料教学既可以让学生掌握各种基础历史知识，也能让学生在进行史料研习时，学习到研究历史的方法，掌握研究历史的能力，培养学生求真的科学精神，让学生形成健康的情感、态度、价值观。

第四节　史料应用的预期目标

史料教学最终目标是历史教师可以通过呈现史料的方式，拓宽学生的探究视野，让学生在探究历史的活动当中拥有历史学科能力，并学会一些史学研究技巧。最关键的是，在培养学生能力的同时，让学生形成史学意识，并将这种意识和自己的思维进行融合，变成一种习惯。当学生拥有了良好的学习习惯之后，学习才能达到事半功倍的效果。

一、具备搜集史料及初步辨伪的能力

该能力指的是学生要掌握史料的搜集方法，并能够对史料的可信度和有效性进行较为准确的判断。这并不是要每个学生都拥有成为一位考古学家的能力，而是要让学生掌握用史料证史的方法。以学生在初中学业阶段的认知水准来看，学生需要具备以下几种能力：

（一）搜集史料

让学生了解史料搜集的基本途径，如调查访问、文献检索等。通过这些最基本的渠道我们可以获得口述、文字、实物史料。而研究手段的先进性与科学性是信息可信程度的决定性因素，要让学生认识到并非所有信息都是可信的。

（二）史料分类

让学生掌握史料分类的基本方式，知道可以从表现形式的角度将史料分成文字、口述和实物这三大类型，而从载体角度可以将史料分成实物、文字、音像、图片等几大类，从内容角度史料又可以被分成直接史料和间接史料，而文学艺术作品也在史料范畴之内。要让学生认识到每种史料的价值都有所不同，学会在各种类型的史料当中找到自己需要的信息。

（三）对史料有基本的判断

让学生知道史料能分成直接史料与间接史料，有意史料与无意史料，并对两者之间的区别有明确认知，明白在不同的时代背景、对象以及情况下，史料的可靠性和有效性会发生改变。让学生学会提取史料中的信息，根据可信的史料得到合理的结论。

二、具备多角度认识及诠释历史的能力

历史认识"视野讲求宽广及综合，视角讲求独到及深邃"[①]，所以历史教师要让学生学会认识历史的正确方法。当学生得出了一个历史结论之后，他知道自己是怎样得到这个结论的吗？知道为何会得出这个结论吗？他是否认识到该历史结论对之后的历史所起的作用和产生的影响？他得出的历史结论是公正、全面、客观的吗？要想解决这几个问题，就必须让学生能够对一个历史事件的起因、作用、结果等进行合理的价值判断。具体包括以下几种：

（一）学会辩证地评价

能够突破思维定式，不对事物有绝对化的评价，可以从各种角度、时间、

---

① 於以传．史学思想方法的主要内容和实施路径 [J]．历史教学（上半月刊），2016(7)：39-46.

空间来对历史事件进行辩证的评价，学会对基本事实进行分析、比较、归纳和综合，从而分析原因、动机、条件、结构、联系、差异等问题。

（二）掌握评价人物及历史事件的方法

部编版教材要求学生必须掌握评价历史人物与历史事件的能力。要让学生能够站在经济状况、自然环境、文化习俗、政治状况等角度对历史事件进行评价和解释；站在不同的立场，从政治、经济、文化等各个角度对历史人物进行评价和解释。

（三）有质疑和反思的能力

历史教师应让学生学会如何以史料为依据得出历史结论。人们能够从史料当中了解到一个时代的细节、变化、风貌和特征，历史教师要让学生认识到历史结论的依据与支撑是史料。让学生在对史料进行了解之后，可以自主独立分析并得出结论，找到既有历史结论中的错误，并提出质疑，且可以举出可信的例子对其错误的解释、评价与叙述进行有逻辑的反驳，最终补充完善自己的历史结论。

可以自己搜集史料，对自己在认识、解决问题的过程里出现的问题和情况进行反思，并纠正其中的错误，完善得出的历史结论，检查自己得到历史结论的逻辑是否具备合理性，并对有问题的地方加以改正。

第二章 史料阅读与初中历史教学

第一节 何谓史料阅读

人所拥有的最基本的一项能力就是阅读。人使用自己的感觉器官将接收到的各种信号传递给大脑，并用大脑对信息进行感受、分析和存储的各种活动，都属于阅读。阅读主要有四个信息来源，分别为视觉、听觉、语义和语法。在心理学家古德曼（Goodman）看来，阅读是将预测、检验、选择和证实等步骤融为一体的认知活动，而阅读的有效性便是能够从海量信息当中找到少且精的线索，同时对其进行无误的判断。由此可见，人通过阅读进行认知，提取信息，而阅读者自身的认知基础以及社会经历会对阅读有重要影响。

一、史料阅读的概念

在初中历史教学中，人们经常会混淆史料教学与史料阅读，因此，若要讨论初中历史教学和史料阅读之间的关系，需要先厘清两者的关系，明确两者的定义。

傅斯年曾说过，史学便是史料学。①而从存在的形态上分类，史料有两种类型，分别为实物史料与文字史料。其中，实物史料通常为历史遗址以及出土文物。文字史料在史学界有各种更加细致的分类方式，每种分类方式优劣各异。而比较受大众认可的分类是将文字史料分成三个类型：一是原始史料，如笔记、回忆录、日记、文件等；二是撰述史料，即历史著作；三是文艺史料，

---

① 王晴佳. 科学史学乎？"科学古学"乎？——傅斯年"史学便是史料学"之思想渊源新探[J]. 史学史研究，2007(4)：28-36.

包括各种能够反映历史的小说、诗歌等。①

历史教师将文字史料和图片史料作为课程资源进行教学的行为就是史料教学。学生会在历史教师的引导下对史料进行观察和阅读，并从中学习相应的历史知识，了解历史现象，得出历史结论。

史料阅读是一种阅读行为，在此行为中，阅读者的目的是将历史类的文献资料作为阅读对象，获取各种历史信息和历史知识，亲身感受历史现场并对历史规律进行总结。

由此可见，史料教学跟史料阅读之间存在一定的联系，但又各有不同。双方的联系在于：第一，史料阅读以有关历史的文献资料作为对象，而这也是史料教学中的一种文字史料资源；第二，当历史教师在教学中使用文字史料时，其实也包含了史料阅读这个环节，即历史教师会引导学生阅读文字史料并加以分析，最终得到相应的历史结论与知识。双方的区别在于：第一，史料教学还可以通过历史文物等其他史料展开，但是史料阅读对象只有文字文献资料；第二，史料阅读因其场合不同可以划分为两种类型，一种是出现于学校当中，接受历史教师指导以完成学习要求的阅读行为，另一种是在学校之外，为满足自身阅读兴趣，自发进行的阅读行为，但史料教学只出现在历史课堂当中，且必须依附历史教师发挥其作用。

二、史料阅读能力的概念

史料阅读能力指的是学生通过对史料的有效感知，能够读懂并提取有效信息，正确地理解史料并且结合所学知识运用所阅读的史料，进而能够分析和解决历史问题。

史料阅读能力是一种综合运用的能力。接下来，笔者从阅读的广度、速度、深度三个维度分析史料阅读能力的结构要素：

从阅读的广度看，史料阅读能力要求有广阔的阅读面。史料阅读的对象类型较为多样，史料内容丰富且涵盖社会各个方面，史料形式多样，包括文字、图片、数据等，这就要求学生涉猎各种读物，只有夯实阅读的基础，才能有效地提升史料阅读的能力。

从阅读的速度来看，速读是衡量史料阅读能力的要素之一。在当前新课改形势下，教材调整后，课时容量增大；同时考试试题呈现"史料化"的发展趋

---

① 龚隽峰.基于核心素养的初中历史史料教学探析 [J].高考，2017(24)：69-70.

势，要求学生面对史料时要快速提取符合题意的有效信息，分析、比较、概括史料所反映的史实与问题。所以，在阅读时间相对紧张的情况下，一定的阅读速度尤为重要。

从阅读的层次来看，"史料阅读能力"可以划分为三个层次：一是识读能力，是指对所呈现史料属性进行初步判断，对史料有基本解码能力，感知史料的书面结构（如史料中语言结构的段落、层次，史料的表面结构），了解史料的基本意义，获取基本信息；二是理解能力，这是史料阅读能力的核心，通过对史料的分析、比较、概括等思维活动对史料进行深层剖析；三是运用能力，对于史料阅读而言主要指在理解史料的基础上结合所学知识史论结合、论从史出地解释和说明历史问题。

三、培养史料阅读能力的重要性

（一）史料阅读有助于学生开展历史学习

史料阅读对于初中阶段的学生学习历史有很大的帮助。

1. 史料阅读丰富了初中生历史学习的课程资源

如今，初中生所掌握的历史知识的主要来源之一，那就是教科书。然而受到篇幅限制，教科书能向学生呈现的历史知识非常有限，且课程结构和内容也较为单一。

但是史料阅读的对象为各种文字史料，如学术著作、原始文献资料、史书典籍等，这些都是丰富的资源库。历史教师可以在教学目标的基础上选择合适、经典、优秀的历史阅读素材作为课堂上的补充内容，或者将其作为课外的兴趣读物向学生推荐，让学生的学习内容更加丰富、多层次。

2. 史料阅读为初中生历史学习提供了有效的学习手段

阅读者以史学文本为基础，联系历史事实进行判断与思考的史料阅读是一种个体行为，这种行为注重阅读者自身的感受以及个性化的思维加工，有利于学生进行自主学习和探究，是学习历史的有效方法。

历史教师可以在课堂上引入史料阅读的方式，让学生自主阅读文献资料并进行独立分析，以得到对历史现象的理解和历史结论。如此一来，学生不再如同传统历史课堂中一般只能对结论进行被动接受，学生思考和探究的空间得到了极大的扩宽。学生对历史产生的好奇与兴趣也会让其在课余时间选择在历史教师的指导之下或者自己直接选择相关历史书籍进行阅读，以满足自己的好奇心，实现自我发展。因此，这也是学生进行历史学科的自主探究学习的一个有效途径。

（二）史料阅读有助于学生树立正确价值观

如今，一些初中生课余时间常沉浸于低俗读物、虚拟网络当中，容易受到不良文化的影响和侵蚀。这一方面源于家长没有重视对孩子的教育，且信息网络的发展过于迅猛，尚未实现有效监管；另一方面就是学生在课余文化生活中没有得到合理的指导。学校德育工作要求学校历史教师承担起应尽的责任，用积极、健康的内容充实学生的头脑，关注学生的身心健康，帮助其树立正确的价值观。对此，史料阅读是一个很好的工具。

首先，史料阅读的内容当中有着十分丰富的德育资源，如《新青年》中的一些文章论述了现代公民素质，《史记》里描述了各种英勇善战、爱国爱家的历史人物。学生在进行史料阅读的过程当中，会潜移默化地受到这些积极内容的影响，从而逐渐形成正确的价值观念。其次，历史教师可以借助历史阅读，让学生参与辩论赛、编演历史剧、开展读书分享会等活动，以史料阅读为中心，让学生之间形成一个健康的兴趣团体，在团体当中实现成员之间的相互促进、共同进步。

（三）史料阅读有助于传承中华优秀传统文化

如今，国际上的文化竞争日益激烈，我国也开始重视对中华优秀传统文化的内涵进行深度挖掘，将其中的内核与精华提取出来作为优秀价值观念进行传播。习近平同志也在多次的中央会议当中提到中华优秀文化需要得到弘扬，鼓励人们阅读经典文学，从中获得智慧和经验，从而投入国家的建设当中。

在《义务教育历史课程标准》当中，对于初中生的"情感、态度、价值观"课程目标的要求是学生能够站在历史角度正确认识中国国情，认可中华民族的文化传统，并对祖国的文化与历史保持热爱和尊重。许多古典史书，如《史记》《三国志》《汉书》《资治通鉴》等都记录了中华民族的发展历史，以及各种由中华民族创造出来的文明成果，而且书籍自身更是中华文明成果的一个优秀代表，可以让学生更深入了解我国的传统文化，让学生更具民族认同感。所以，历史教师要鼓励学生自主阅读或者组织学生一起阅读历史经典，回望千百年来中华民族的发展，感受典籍中蕴含的魅力，学习祖先留下的智慧。这是课程改革创新中历史教师的一次有益实践，更是顺应时代潮流和国家要求对中华传统文化进行传承的举措，现实意义极为重大。

四、运用史料阅读的原则

俗话说没有规矩，不成方圆。历史教师一定要按照教育教学的原则将史料阅读运用到课堂当中，如此一来，历史教师可以在原则指导之下进行教学设计，也能保证教学活动的效果。根据教育学的研究成果和史料阅读的具体情况，在运用史料阅读进行教学时，历史教师要注意遵守以下几项原则。

（一）利用史料阅读应符合教学实际

史料阅读虽然有比较考究的选材，然而选取的史料不论属于中国古代史，还是属于中国近现代史，都存在一个共同的问题，就是史料内容过多。这一点在中国古代史方面尤其明显，因为大部分史料都以文言文形式出现，所以历史教师如果选取大段史料，就很难在教学中将其充分利用，而学生自学也有很大的难度。然而，在常规的教学当中，或者在历史试卷里，很少会出现那种段落较长的史料，因此可以看出，选取大段史料跟历史教学实际并不相符。如果史料阅读内容出现了偏多的问题，历史教师就应该先对学生的学习情况进行深入了解，并在此基础上适当对史料进行删减，避免将历史课变成一节古文鉴赏课，以提高史料的利用效率，方便学生自主阅读。

（二）利用史料阅读应调动学生的主动性

在阅读过史料阅读选文之后，学生应该掌握一定的史料阅读能力，这也是此栏目设立的主要目的。史料阅读是一个具有主动性、自觉性的过程，而阅读者会根据自己的需求进行控制和调节。史料阅读是一个集开放性、问题性和参与性于一体的活动。培养史料阅读能力不能单纯依赖阅读他人解读的史料，更需要学生独立自主地展开史料阅读、分析、论证等活动。如今，历史教育主张培养学生的历史学科核心素养，因而历史教学更加注重调动学生参与课堂互动，进行自主学习。

从历史教学的特点和史料阅读的设立目的来看，历史教师应在运用史料阅读时将学生的主动性调动起来。通过各种方式，如设立问题、组织小组竞赛或者布置任务等方式让学生积极参与到史料阅读活动当中，做到主动探究史料、思考问题、解决问题。

（三）利用史料阅读应符合学生的发展水平

史料阅读的一大作用是培养学生阅读史料的能力。当历史教师开始指导学生阅读和运用史料时，首先涉及的问题是选取合适的史料，使史料符合学生的发展水平，并对其真伪进行辨别，因此历史教师要对史料的来源进行考查，如史料最原始出处，编写的时间、地点和用途，编写者等，考查史料的流传与保存过程，核实史料并进行提炼。其次，历史教师要注意阅读的层次，注意到认读和解读两个层次之间的差异。其中，认读是指学生可以对史料中的语言文字进行高效辨认，能了解材料含义，并清楚材料的语段和字词的文本意义；而解读则是建立在认读基础上，理解材料的过程与结果，学生在此阶段要深入了解材料的内涵。

第二节　初中生史料阅读现状

一、初中生的史料阅读需求

（一）初中生史料阅读现状的问卷调查

史料阅读对初中生起到许多积极作用，有利于培养其人文素养，提升其历史学习能力。但是如今史料阅读在初中生中的开展情况并不乐观。因此，为了对初中生当前的史料阅读情况、阅读需求、阅读习惯进行准确的了解，历史教师可以借助问卷星网络平台等途径在本校开展问卷调查，以此为基础来研究和开展史料阅读活动。以下为针对初中生史料阅读情况而专门设计的调查问卷。

初中生史料阅读现状调查问卷

亲爱的同学们，通过史料阅读，我们可以增长知识，了解中国和世界上各种优秀的文明成果，了解历史的进程，还能增强自身的学习能力，同时"以史明鉴"，跟随历史指导形成属于自己的人生智慧。这份调查问卷旨在了解同学们的阅读兴趣与习惯，了解大家的阅读需求，从而协助历史教师设计出更加生动的历史课堂，开展各种历史活动，提高同学们的历史素养。请同学们按照自己的实际情况进行填写。

1.你所在的年级为？〔单选题〕

A.七年级

B.八年级

C.九年级

2.你的性别是？［单选题］

A.男

B.女

3.你在过去对史料阅读有一定了解吗？（史料阅读即通过阅读历史学、社会学、文学等著作来实现获取历史知识和信息的目标的一种行为）［单选题］

A.十分清楚

B.大概了解

C.从未听闻

4.对于历史课本中设置的"材料研读""知识拓展""课前导言""课后活动"栏目，你是否喜欢？（九年级同学课本的阅读栏目如课前导言、文献资料专栏等）［单选题］

A.喜欢

B.不感兴趣

C.不喜欢

5.你会花费时间仔细认真地阅读"材料研读""知识拓展""课前导言""课后活动"等阅读栏目中的内容吗？［单选题］

A.所有都会认真阅读

B.只阅读自己喜欢的部分

C.只阅读历史教师要求阅读的部分

D.几乎不会阅读这些内容

6.历史教师在历史课堂中补充的许多文字阅读材料，如史书原文、人物故事等，对你深入理解课文的效果明显吗？［单选题］

A.效果十分明显

B.效果一般

C.毫无效果

7.你最希望在课堂上看到哪一种类型的补充材料？［多选题］

A.图片资料

B.文字史料

C.音频资料

D.视频资料

8.历史考试里的材料分析题对于你来说是否具有较大难度？［单选题］

A.毫无难度，可以轻松得分

B.难度较大,会有部分失分情况

C.难度极大,基本上每次都会失分

9.你认为以下哪种途径对提升自己应对历史考试材料分析题的能力有明显效果?[多选题]

A.史料分析练习

B.熟练掌握记忆考点

C.多做各种历史材料分析题

D.阅读更多的历史书籍

10.你在课余时间会阅读一些历史类书籍吗?(如《明朝那些事儿》《史记》等)[单选题]

A.读过

B.没有读过

11.将你在课外阅读过的最喜欢的历史书籍列举在下方横线上,倘若没有阅读过,请填无。[填空题]_____

12.你会参加历史教师在"四点半课堂"开设的历史类阅读课程吗?(课程内容包括编演历史剧、写读书报告、与历史教师一同阅读书籍等)[单选题]

A.非常感兴趣,会积极参加

B.比较感兴趣,可能会参加

C.不想参加

13.你认为在课外阅读历史类书籍时会受到哪些因素的影响?[多选题]

A.历史教师留下的作业太多

B.个人兴趣

C.是否可以跟同学一起讨论

D.没有图书资源

E.家长是否支持

14.你对下列哪个类型的历史书籍比较感兴趣?[多选题]

A.古代经典史书(如《史记》等)

B.近现代的严肃的史学著作(如《中国近代史》等)

C.最近的历史通俗书籍(如《明朝那些事儿》等)

D.人物传记(如《拿破仑传》等)

15.你是否支持历史学科如同语文学科一样设立必读书目,要求学生必须阅读《史记》等书籍中的节选内容,且将其纳入考试范围?[单选题]

A. 支持

B. 视情况而定（如考试难度与阅读内容是否有趣等）

C. 反对

（二）样本的数据研究与分析——以某中学为例

1. 调查对象的基本情况

从该中学收回的有效调查问卷总共 1 045 份，根据调查问卷中的填写内容得知，七年级为 512 份，八年级为 393 份，九年级为 140 份。而从调查对象性别来看，女生为 485 名，男生为 560 名。本次调查并不会参考学业成绩，每一个学业层次的学生都参与在内，所以该调查得出的数据具有一定的可信性、代表性与说服力。其中，九年级学生面临中考，学习任务较重，因此只有少数人参与了调查，这也是本调查此次在样本上存在的缺陷。

2. 学生对史料阅读的认识

超过七成的学生对于"你在过去对史料阅读有一定了解吗？"表示自己大概了解，而一成左右的学生表示从未听闻，只有近两成的学生对史料阅读十分清楚。由此可见在日常教学当中，历史教师仍需要为学生普及史料阅读的意义与概念。

3. 学生对课内史料阅读的态度

超过九成的学生表示喜欢教科书里的各种阅读栏目，由此可见学生对部编版历史教科书还是比较认可的。三成以上的学生会认真阅读所有的阅读栏目内容，而超过一半的学生会对阅读栏目进行大致浏览，由此可见阅读栏目有较高的使用率。这两道题反映出大部分学生都希望了解到课本当中的历史事件的拓展知识，如相关的人物故事、史料、背景故事等。

超过九成的学生认为，历史教师在课堂中补充各种文本阅读素材能够帮助其加深对课文的理解，不过在期望历史教师使用的补充材料类型这一问题上，学生显然更加喜欢看到视频资料与图片资料，而非文字史料。如今信息技术的不断发展，让学生更加适应从图片和视频中了解知识和信息，这非常值得教育者进行反思，也反映出开展史料阅读让学生进行"慢阅读"的紧迫性。

对于历史试卷当中的材料分析题，有一半的同学认为其难度较大，而在选择提高材料分析题学习能力的途径这一题中，八成的同学认为只要熟练掌握、记忆考点就能有所提升，只有一半的学生认为史料分析练习和阅读历史书籍对其有所帮助。这反映出学生在强大的学习压力之下，在选择争取分数的方式上仍旧倾向于"死记硬背",没有意识到应该提高其自身阅读能力。

4.对史学经典纳入考试范围的态度

对于是否要让史学经典阅读纳入考试范围的题目,三个年级的观点出现了明显不同。首先,大多数学生对这个问题表现出的态度都是中立的,而在"支持"和"反对"这两个态度十分鲜明的选项里,升学压力较重的九年级多投反对票,少有支持,而七年级与八年级学生则是恰恰相反。

5.学生对课外史料阅读的态度

有七成左右的学生曾在课余时间阅读历史类书籍。而学生们认为阅读历史书籍的影响因素主要就是历史教师留下了太多的功课,其次是个人兴趣,还有一些人选了没有图书资源,而这也是历史教师在课堂中开展史料阅读时经常会遇到的难题。

历史类书籍当中,最受学生欢迎的书籍是"古代经典史书",由此可见中华优秀经典中蕴含无穷魅力。而该结果也跟学生所填写的最喜欢的阅读书籍相匹配,出现次数最多的是《史记》,其次为《中华上下五千年》。除此之外,还有许多学生列举了《西游记》《三国演义》等小说,由此可见,有些学生不能较好地区分文学书籍与史学书籍。超过八成的学生对参与以史料阅读为中心的校本课程感兴趣,因此可以看出,若学校开发史料阅读校本课程,必然会得到大部分学生的关注与支持。

(三)初中生的史料阅读需求

从上述对调查问卷的分析可以看到,现如今初中生的阅读需求实际情况如下。

1.初中生希望有更多的时间与机会进行史料阅读

许多初中生都因为历史学科所具有的趣味性和故事性而对其充满兴趣,然而在学业压力大和图书资源有限的影响下,很多学生只有很少的史料阅读时间与机会。因此,历史教师可以适当地给予学生更多的史料阅读时间,或者进行相关的史料阅读活动。

2.初中生希望得到历史教师的指导

如今,许多初中生都是自发进行课外史料阅读,是一种个人行为。因为没有历史教师指导,因此大部分初中生只能在低层次上进行史料阅读,很难筛选和深层次地分析文本,这也是调查问卷当中一些学生直接将《水浒传》这样的小说看作历史著作的原因。初中生还是希望历史教师来组织课外史料阅读活动，并希望得到历史教师的指导。所以，学校应让历史教师组织和指导学生进行史料阅读，教会学生如何深层次地阅读史料。

3.初中生希望史料阅读能与标准化考试结合起来

升学压力较大的九年级学生正在进行紧张的备考，所以其对将史学经典纳入历史考试范围持反对态度。所以，初中生希望史料阅读能够与标准化考试结合起来。为了让初中生的历史学习压力进一步减轻，历史教师可以将标准化考试中的题型和各种史学经典节选结合，从论述题和材料分析题的角度考查学生的史料阅读能力，将具体的考点融入两种题型当中，并选择恰当的史学典籍节选内容，引导学生阅读史学经典。[①]

二、史料阅读在初中的开展现状

历史教师与教科书编撰者对史料教学的认可程度越来越高。在进行历史课堂教学时，历史教师可以将补充的相关文献资料与教科书结合，学生也可以通过史料阅读进行历史学习。教学设计与教科书的编写对史料运用的程度，对学生阅读的质量有一定的影响。要促进史料阅读高质量进行，就必须先审视和反思当前教学设计与教科书中对史料的运用。

（一）教科书编写的新趋势

从学校的教学方面来看，教科书不仅为师生之间的对话搭建了桥梁，更为教学活动的开展提供了主要依据。从学生阅读方面来看，学生接触的最权威、次数最多的阅读读本就是教科书。因此，通过历史教学对史料阅读进行推广，充分发挥其对学生的教育作用，必须以教科书为出发点。

历史教科书具有正文与辅助两大系统。历史知识与相关结论主要通过正文系统体现，而有助于学生理解正文内容的注释、图片、文献资料、表格等则是辅助系统的内容。学生主要的史料阅读对象就是辅助系统中呈现的各种文献资料。

但一直以来，人们在编写历史教科书时对概念与历史结论普遍比较重视，不太重视推演过程，因此文献资料一直得不到充分的利用和重视。但随着人们逐渐认识到文献资料对于历史教育所具有的重要价值，文献资料在教科书中的比重开始有所增长。在部编版历史教科书中，教育部运用了大量的文献资料，

---

① 游苏宁.阅读史料的博古论今 书籍相伴的美好人生[J].中华医学信息导报，2020，35(2)：23.

这对史料阅读的开展做出了很大的突破。这次改革的具体内容如下。

首先，将史料阅读的板块增加到了栏目设计中。部编版历史教科书不仅设计了插图与正文部分，还将课前导读、人物扫描、相关史事、知识扩展、材料研读、问题思考、注释、课后活动等辅助性栏目加入教材的设计中。以上栏目中包含很多从文学作品、科学著作、社会学著作及史学典籍中改编的内容与节选内容，这些史料阅读素材虽然只有零星的片段，但也在很大程度上使学生的视野得以拓展，使教材内容变得更加丰富，不仅对单一课时包含的历史知识与信息进行了扩容，更使历史教科书变得更加生动有趣，与初中生的学情更加相符。

其次，在更多方面发挥了史料阅读的作用。在部编版历史教科书中，史料阅读不仅具有知识扩展、调动学生学习兴趣的辅助作用，还具有提高学生历史素养的作用。例如，在"史料实证"方面，新历史教科书依据史料阅读材料进行了补编，与正文观点相呼应，使学生深刻理解"论从史出"。在部编版七年级上册历史教科书中，编者在编写第9课《秦统一中国》中的"材料研读"部分时，引用了《史记·秦始皇本纪》里面的原文："一法度衡石丈尺。车同轨。书同文字。"以此对正文中秦朝巩固统一全国时采用的相关措施做出了印证。

教育部虽然在编写历史教科书时意识到了史料阅读对历史教育的重要性，但在具体的编写过程中仍有不足之处，编者需要在修订时不断进行完善，而历史教师则需要在教学实践活动中仔细梳理教科书中的逻辑与内容，将之与其他课程资源结合，从而有效地发挥史料阅读对历史课堂教学的作用。

（二）历史教师运用史料阅读开展教学的现状

对于历史教师来说，史料是一种非常重要的教学资源，带领学生对史料进行阅读、理解相关知识点都属于常规的教学实践活动。然而，有些历史教师并没有在课堂教学中组织学生进行有效的史料阅读活动。

首先，对于史料阅读数量的追求过于片面。目前，有些历史教师对历史课堂教学有这样一个误区：补充阅读材料越全面，就说明课堂内容越丰富，说明对学生施行的阅读训练越到位。受这一错误观念的影响，有些历史教师对史料阅读素材的选取应用不加节制，对课堂的现实条件相对忽略，最终出现阅读文本重复繁多、教学时间被无效阅读侵占、阅读训练质量低、学生负担重等问题。对此，在课时的严格限制下，历史教师应根据教学目标，对重难点知识与阅读文本进行精心设置，避免流于形式。

　　其次，选用了质量偏低的史料阅读素材。史料阅读素材的质量对学生学习、推理的过程与对历史的接受与理解程度有直接的影响。在素材的选择上，个别历史教师并没有做好对比甄别工作，导致所选用的史料不具备足够的严谨性与代表性，甚至存在虚假编造的问题。此外，在素材的使用上，个别历史教师的规范意识不足，没有给选用的素材标明来源出处，对史料的翻译和删减都过于随意，对史料阅读带有主观偏见，导致学生在理解史料与客观史实时出现了偏差。

　　最后，狭窄的史料阅读应用范围。目前，大部分历史教学所使用的史料阅读资料仍为课堂教材与历史教师总结和补充的零散文献片段相结合的内容。同时，有些历史教师忽略了学生在课外实践中阅读历史类书籍的情况，也没有将史料阅读能力作为历史学科中必须掌握的技能进行训练。

（三）史料阅读校本课程开发现状

　　目前，历史课堂是史料阅读活动最为集中的场所。鉴于课时的限制，课堂上主要以碎片化文本阅读的方式进行史料阅读，因此阅读的范围比较狭窄，文字阅读量比较有限，内容也比较分散，这是一种具有极强的目的性与功利性的"快阅读"。而"慢阅读"是一种以体悟历史为目的的阅读方式，主要依靠学生自主阅读和历史教师开展特色历史阅读活动、开发校本课程来实现。校本课程在内容设计方面对史料阅读素材的选择空间相对更大，历史教师可以将需要阅读的内容连贯、系统地安排在其中，以便实现文本阅读量的大幅增加。

　　笔者以"历史校本课程""史料阅读""历史特色活动"等关键词在中国知网上进行了检索，对相关文献资料进行了查阅，结果表明，自历史课程改革以来，一线历史教师与专家学者都对历史校本课程热点课题进行了研究，并取得了一定的成效。其中最为普遍的历史校本课程以民族史、地方乡土史为主要的课程资源进行开发设计，还有一些校本课程对传统文化、历史人物、历史建筑、断代史等较为关注。

　　笔者认为，历史校本课程在使用"史料阅读"时出现"遇冷"现象主要有以下原因。首先，从时间成本而言，历史教师是知识类课程中具有最主要作用的部分，学生作为知识的受众，其耗费的时间相对要短，但这种类型的阅读课程往往要求学生亲自对大部分长篇史学著作进行阅读和理解，然而，历史教师无法代替学生进行阅读，更无法代替学生主动将文本资料内化为自己理解与掌握的知识，由此，学生需要的课外时间变得更长。当学生面对紧张的学业任务时，历史教师通常会选择实施一些见效快、时间短的项目。其次，在传统课程观念的影响与束缚下，训练与培养阅读能力常被视为语文学科的教学任务之一，如果其他学科设计了阅读性质的课程，就有"越俎代庖"之嫌。对此，笔者认为，站在历史的角度对我国传统史学典籍进行赏析与阅读，有利于加深学生对历史知识点的认知，与学习历史学科具有相同的意义。最后，对阅读课程无法做出标准化的测量和验收。史料阅读是一门需要有专门验收成果的方式与标准的课程，但历史学科阅读能力一直缺少一个统一的测试标准，这就在阅读课程的开发设置方面对历史教师造成了巨大的困难。

第三节 培养初中生史料阅读能力的途径

历史课堂是开展史料阅读的主要阵地。在不考虑常规教学活动与教学目标的情况下，空谈学生自发进行的史料阅读的个性化行为，与学校教育当前主要采用的教育模式并不相符。因此，历史教师应立足于历史课堂深入开展史料阅读，培养并不断提升学生的阅读能力。本章将以教科书的编写、历史教师的教学设计两个层面为切入点，对有效培养初中生史料阅读能力的途径进行讨论，并结合具体的案例设计将笔者的实践思路呈现出来。

一、史料阅读与历史教科书的整合

历史教师应使学生意识到史料阅读对历史学习的重要性，并向学生传授分析和运用史料的方法，而这需要依靠教科书的媒介作用来实现。历史教科书在史料阅读方面的编写进步非常明显，但仍存在一定的不足。笔者将研究对象设置为部编版历史教科书，针对如何做到有机结合历史教科书与史料阅读进行探讨，从而为进一步完善和修订部编版历史教科书提供参考。

（一）体现历史学科的学科特点

历史学科是一门性质较独特的综合人文学科。一方面，在文物遗址与考古发掘的物质基础上可以对其进行数据化、科学化的分析与计量。随着新史学的发展与进步，人们在分析与辨别文字史料方面的科学实验性质变得更强，由此可见，历史学科具有严谨性与客观性特点。另一方面，人类活动的推进促成了历史，历史涵盖人类社会的各个方面。在人类社会，历史以各种形式被记录下来，大多数历史文字资料是自然而然地在人类主观意识下产生的，其中有着多维度、多元化的解读。可见，历史学科的主观色彩也非常强烈。

首先，作为学生重要的阅读读本，历史教科书在选择、处理、加工阅读素材与正文结论之间的关系等方面应具备科学、严谨的特点。在选择与处理阅读文本时应依据慎重、严谨的原则，避免对学生造成错误的引导，这是史料阅读开展的第一要义。

1. 原始文献为主，加工过的文献素材为辅

教科书中主要包含两种史料阅读素材，一种为原始文献，另一种为经编者翻译、删减、加工处理原始文献后得出的素材。在部编版历史教科书中，第二种素材的数量明显超过了第一种。使用"第一手材料"可以将史料的准确性最大化地保留下来，但经过编者解读、删减、翻译、合并等加工处理的史料，难免会在一定程度上出现"失真"的现象，并且编者个人的主观意识也会对这些史料的处理造成影响，这对学生自行理解历史，形成自己的理解非常不利。在阅读素材的选用呈现方面，教科书应尽可能选择和使用原始史料，减少对史料的处理和解读。一些初中生由于文言文基础比较薄弱，对古代文献典籍的阅读和理解有一定的困难，所以编者可以在其中以注释形式进行适当的标注，以便于学生阅读和理解。《世界历史》的编写涉及外文文献资料时，应同时呈现外文的翻译文本和原文，以便于学生对文本原意有更好的理解。

2. 注意标明阅读素材的出处

文献资料的出处与来源可以在一定程度上将史料蕴含的丰富信息反映出来，如作者的身份、成书的年代、作者的立场态度等，可以在阅读的过程中作为学生判断文本可信度的重要依据，还可以为学生在课后对文献史料的查阅核实和更深入开展史料阅读创造前提条件。尤其在史学界与科学界对某一史料没有给出确切的观点时，更应将史料的来源标注清楚，这一点也是历史学科求真求实的具体要求。部编版历史教科书在编写时都会在引用著作原文时做好对应的文字出处的标注，但却不会对编者处理过的阅读素材标明来源，大多数以"据史料记载"的模糊字眼进行概括处理，这样显然不够严谨。例如，在部编七年级上册历史教科书中，商鞅变法在第 7 课《战国时期的社会变化》的两个栏目中都有提及，其中"材料研读"栏目写道："商君治秦，法令至行，公平无私，罚不讳强大，赏不私亲近……"同时，此处标明这一材料出自《战国策·秦策一》。在同一页中，另一个栏目"人物扫描"写道："商鞅出生于卫国，原名公孙鞅，后因功被秦国封于商，因而被称为商鞅。他'少好刑名之学'，

在魏相手下做过官……"然而，这一栏目却没有标明这一材料的出处。这不仅会造成教科书没有统一的行文风格，还会在学生对材料的核实、查阅、运用、理解方面大大增加难度。

3. 避免选用争议大的史料素材作为阅读素材

作为教育国家公民的教科书，其编写的第一要义就是客观真实。面对浩瀚的历史材料，教科书编撰者在进行阅读史料文本的选择时，必须做到非常谨慎，应求真去伪，对其内容进行反复求证，避免产生较大的争议，或是出现观点及立场偏颇的素材。例如，部编版七年级上册历史教科书第 15 课《两汉的科技与文化》中的"相关史事"栏目中有与"永平求法"相关的阅读素材："67 年，东汉明帝夜梦金人飞入殿中，大臣解释说是西天的佛。明帝于是派人西行求佛。使者遇到两位西域僧人，求得佛经、佛像，一同回到洛阳……"笔者查阅了这则史料描述的相关史事，发现在史学界，人们对"永平求法"事件的发生时间与存在的真伪存在巨大争议。在《中国历史研究法》中，梁启超先生就曾对"永平求法"表示质疑，他对《后汉书·西域传》及其他相关书籍进行了查阅，"确知西域诸国自王莽时已与中国绝，凡绝六十五年，至明帝永平十六年始复通，永平七年正西域与匈奴连结入寇之时，安能派使通过其国？"鉴于这段阅读文本素材具有较大的争议，所以并不适合出现在教科书中。

4. 注意阅读素材与正文的有机结合

黄牧航教授对于当今初中历史教材中分割正文与阅读内容的做法持否定意见。他认为，"教材文字系统逻辑指教材的每一课书都应该是一篇结构完整，逻辑严密的文章"[①]。在部编版历史教科书中，历史教师可借助"相关史事""材料研读"等板块辅助阅读，提高学生对教材的阅读兴趣，但分割论证材料与正文结论的做法对文章的整体连贯性造成了一定的损害，对从证据到结论的严谨的逻辑顺序有一定的破坏性，不利于学生形成"论从史出"的思维习惯。

部编版七年级上册历史教科书第 1 课《中国早期人类的代表——北京人》中的正文部分有一段这样的描述："北京人遗址中发现有灰烬、烧石和烧骨等，这反映出北京人已经学会使用火，还会长时间保存火种。"这一描述是从证据到结论的典型的表述，有着充分且自然的推演过程，使学生阅读和理解课本的难度大大降低，这为学生对规范表述历史的学习提供了模板。而在本书第 7 课《战国时期的社会变化》中的"材料研读"栏目中有这样的一段文字：据《华

---

① 陈文海，黄牧航．中学历史教材研究[M]．长春：长春出版社,2013: 100.

阳国志·蜀志》记载，都江堰建成后，"水旱从人，不知饥馑。时无荒年，天下谓之'天府'也"。显然，编者引用这则史料，对正文部分中与都江堰相关的论断进行印证："建成之后，成都平原成为沃野，被称为'天府之国'。"笔者认为，使用这种将结论与依据分开的方式进行教材的编撰，不利于学生寻找阅读材料与正文结论之间的逻辑关系，如果将这两者有机结合，不仅与学生的思维习惯更相符，还会大大地提高学生的学习效率。

5. 注意阅读素材和文物史料的相互印证

王国维先生的"二重证据法"，是用"地下之新材料"对"纸上之材料"进行补正的方法。教材编撰者在进行阅读文本的编写时，也应有意识地在教材中增加文物史料及对应的印证内容，这样不仅可以提高文字史料的说服力，更能增强史料阅读具有的趣味性，进而满足"证据意识"与"论从史出"的要求。例如，在部编版七年级下册历史教科书中，第 3 课《盛唐气象》的"相关史事"栏目中对唐蕃订立友好盟约与吐蕃迎娶金城公主的相关史事进行了介绍。编者在这一文本素材的旁边，插入了"唐蕃会盟碑局部拓片"与"唐蕃会盟碑"的文物照片，一方面对其真实性做出了证明，另一方面对文物的背景知识做了补充，达到互证互信。在有效的双重证据下，学生可以更真切、直观地了解和感受唐朝民族交融的历史。又如，部编版八年级上册历史教科书的《第二次鸦片战争》，对英法联军火烧圆明园与圆明园的基本资料的史事在其"相关史事"中进行了介绍，而在"材料研读"栏目中，编者引用了雨果在《致巴特勒上尉》一书中对此做出的评论与描述，并将圆明园遗址的照片插入这两个栏目之间。图片中，圆明园的残垣断壁上仍有着非常精美的雕饰，彰显着这一皇家园林无与伦比的艺术之美，它以令人心惊的破坏与焚烧的痕迹揭露着侵略者的恶劣暴行。两则阅读素材与文物照片相得益彰，唤起学生情感上的强烈共鸣，激发学生心中对西方列强暴掠抢夺的强盗行为深刻的批判。以上两例是历史教科书中极为成功的互证例子，证实了编撰者可将"阅读素材与文物史料互证"这一做法推广应用于其他适用的知识点中的可行性。

6. 阅读素材的类型和内容应该多样化

口述史料、经典史书、文件报告、史学学术研究著作等都属于史料阅读素材。教科书编撰者在进行编写时应适当地增加对阅读素材类型方面的选择，以便将历史进程丰富多彩的一面呈现出来。当前历史教科书在编写时对阅读素材类型的选择比较单调，大部分为编者处理整合过与从史书中节选的史料素材，其中的口述史料、文件报告以及学术著作等较少。此外，部编版历史教科书所使用的阅读素材在内容上仍以宏大叙事居多，只有极少数部分提到了与个人情感和普通民众生活相关的素材。

历史学者往往以权威的学术专著作为整理斟酌资料、搜集甄别史料文献的重要依据。以历史学家做出的权威论述为依据，不仅可以将某一历史人物、事件或者现象的细节详细地展示出来，还有利于帮助学生学习和发现历史问题，对问题进行研究并提出自己的理解与观点。向教科书中引入前沿的学术研究成果作为史料阅读的素材，有利于保持和增强教科书的权威性与生命力。

文件报告通常属于官方文献，是包含重大历史事件的权威性资料。学生对官方文件进行直接的阅读学习与分析，对其学习历史、政治、经济方面的内容都是很有必要的。例如，部编版八年级上册历史教科书中不仅包含四次西方对我国的侵略战争——两次鸦片战争、八国联军侵华与甲午中日战争，还有四个不平等条约《辛丑条约》《南京条约》《马关条约》《天津条约》，并向学生普及了中国在签订这四个条约后，逐步沦为了半殖民地半封建社会，具有重要意义。但在部编版历史教科书中，这些内容并没有以官方原文直接引用的形式呈现，因为不够充分的资料使学生难以对中国在签订不平等条约的过程中蒙受的巨大损失产生深刻的理解。

近年来，史学界将口述史料作为一个新的研究方向，对历史变迁中个体的情感与经历较为关注，使得在历史教科书的编写上增加"人情味"成为新的发展趋势。例如，引用陈存仁的《银元时代生活史》向学生描述民国时期社会的经济生活。这本书主要描述了民国时期，作者所处社会发生的经济变化和自身的经济生活，内容生动有趣，有着浓厚的生活气息。又如，向学生讲述南京大屠杀这一段悲惨历史时，编者可将一些幸存者的访谈记录或回忆录直接引用到教科书中，以幸存者的亲身经历与所见所闻，引导学生展开想象还原这段残酷的历史，引发学生深刻思考侵略行为。

（二）符合学生的心理发展趋势

在不同的学习阶段中，学生的心理发展程度会发生很大变化，这些变化会对其学习特点与方式产生直接的影响，进而对教学成果造成影响。因此，在编写教科书时应充分考虑学生的认识水平发展规律与心理成长规律。初中阶段属于个体从幼年期成长到青年期的过渡时期，具有半幼稚、半成熟的特点。学生从步入初中开始就已经有了一定水平的逻辑推理能力，但处于不同年级阶段的学生在推理的发展和运用水平上有着显著的不同。因此，在编写教科书时，应结合学生心理发展规律与差异进行阅读素材的选择，这不仅体现了对学生主体身份的尊重，还是取得良好史料阅读效果的重要前提。

1. 阅读素材的选择应能激发学生兴趣

学生的心理发展逻辑与历史的学科逻辑存有一定的矛盾，这种矛盾是无法避免的：历史的学科性要求在编撰历史教科书时，应按照从古至今的时间发展的线性逻辑进行历史事件的叙述，而初中生主要使用的是直观形象思维，他们往往觉得越古老的事物给予他们的距离感就越强，因此越难理解，从而不会产生足够的学习兴趣。因此，在进行阅读素材选择时，编者应为了将学生的兴趣有效激发出来，结合不同年级学生的求知需求有针对性、有侧重地进行选择。例如，初一年级的学生普遍欠缺基础知识，对历史人物与历史故事更加感兴趣，编者可在教科书中塑造丰满鲜活的人物形象，再加上吸引人的故事情节，以此使学生的好奇心得以满足，使学生产生阅读的兴趣与动力。随着历史知识的积累与年龄的增长，学生形成了越来越强的思辨能力、逻辑思维以及自我表达愿望，因此，编者在编写高年级的教科书时，可适当拓宽和加深阅读素材的内容和内涵，增加学术专著的引入，为学生形成和总结自己的看法提供充分的资料。

2. 设问应符合学生的认知能力水平，激发学生的思考

教科书的辅助阅读系统中，不仅要引入阅读素材，还要有一些设问，以引导学生对知识点与素材做深入的探讨和理解。历史教师精巧的设问，既能引发学生对素材内涵的深入挖掘，充分发挥素材的价值，又能引导学生完成有效的阅读训练，提升学生的历史思维。年龄不同的学生在处理信息的能力上也不同，因此编者应结合学生具体的认知水平进行问题的设置：对阅读能力有限的初一年级学生要采用明确的问题指向和简单直接的语言表述，不绕弯，引导学生概括和提取素材中的有效信息；对有一定知识基础与阅读水平的初二学生进行阅读文本的对比分析和评论表达的引导，帮助学生跳出文字，冷静观察和思考，形成批判思维；对于能力有很大程度提升的初三学生，应从联系、发散思维、迁移能力的训练着手，引导其将文字与现实连接，设置更多的开放性、启发性的设问，引导其进行思考。

笔者在分析历史教科书的设问与阅读素材时，注意到有一种设问方式不太合理，即"课文即答案"的设问。这虽然是编者引用史料后在辅助阅读系统中提出的问题，但并不需要学生在阅读素材后加工思考，只需从课文的正文部分将对应的答案部分找出来即可。在部编版七年级上册历史教科书中，第13课

《东汉的兴亡》的课后活动引入了以下素材："《后汉书·皇甫嵩传》记载，黄巾起义爆发后，起义军'燔烧官府，劫略聚邑，州郡失据，长吏多逃亡。旬日之间，天下向（响）应，京师震动'。"并设问："想一想，为什么黄巾起义会得到天下响应？"

阅读素材在这种设问方式中只是为了引出问题，却不能为学生提供更细致的答案信息，学生对这种阅读素材进行了浪费时间的无效阅读。本课中"黄巾起义"的正文部分，第一段内容就对起义的原因与背景做了介绍，学生并不需要动脑思考，更不用课下查阅收集资料，直接在正文中就能快速地找出答案，这种设问没有训练学生的分析和阅读能力，长此以往只会造成学生"唯教科书主义"的严重倾向，这是非常值得编者改进与重视的部分。设问应以素材为中心开展，而不只是简单进行课文结论的搬运。

二、史料阅读与教学设计的整合

在初中历史教学中，广大一线历史教师仍是最终落实培养学生阅读能力的主力军。以教科书为代表的各种课程资源成为历史教师重要的教学工具，历史教师落实课堂教学培养任务的重要战略就是教学设计。如何充分利用阅读文本做好教学设计，开展高效的教学工作，是一线历史教师亟待解决的重要问题。

前文中已经对如何将史料阅读运用到教科书中进行了介绍，要求其与学生心理发展的趋势和历史学科特点相适应，在进行教学设计时也是如此。初中教科书的受众是全国初中生，因此，在进行编写时，应将学生的共性特征充分考虑进去。然而，教学设计主要面对的是特定学生群体，是历史教师结合教学智慧与教学经验等为满足特定学生群体的学习需求与个性成长需要专门设计的，因此应体现出鲜明的个性特点。笔者认为，结合史料阅读的优秀教学设计应具有以下特点。

（一）控制阅读素材的数量

由于课堂时间比较紧张，学生只能完成相对有限的文字阅读量。如果学生在课堂中除了思考和阅读教科书中的内容，还要进行大量的课本之外的阅读，很容易会造成"蜻蜓点水""囫囵吞枣"的情况。对此，历史教师应对史料阅读素材引入的数量有严格的把控，将学生的学习注意力合理分配在重要的内容和必要的内容上，而不是一味追求数量。另外，教科书中选用的阅读素材大多经过了教育领域或者历史学科的专家的编排与筛选，有更高的贴切度和可信度。所以，历史教师应坚持以教科书为主要的教学工具，带领学生进行研读分析和阅读训练。将课本抛开，仅对课外史料做出过多片面性堆积，不仅会导致学生的负担加重，更是对国家提供的优质教学资源——部编版历史教科书的浪费，是舍本逐末的行为。

（二）与教科书有机结合

在历史课堂中，学生的主要阅读对象就是教科书，但由于篇幅有限，课程中的教学问题无法全部通过教科书中引用的阅读素材解决，因此需要历史教师在课堂上做额外的阅读素材补充。历史教师补充的内容应与教科书有较强的关联性，二者应能有机结合成一个整体，避免将学生的注意力分散。历史教师补充的阅读素材应能与教科书构成佐证、互补、对比、反驳这几种联系。

1. 佐证

佐证即在教学设计中，历史教师额外引用的能对教科书正文结论或辅助观点提供证据证实的阅读素材，这部分素材可以增强教科书中观点或结论的可信度与说服力。例如，部编版七年级上册历史教科书中的《战国时期的社会变化》一课的正文部分对商鞅变法的作用及意义进行了总结："商鞅推行一系列改革措施，使秦国的国力大为增强，提高了军队的战斗力，使秦国一跃成为最强盛的诸侯国，为以后秦统一全国奠定了基础。"

这一结论是这一篇课文内容中非常关键的论断和知识点，但教科书的正文与辅助阅读两个部分均未列出可用于佐证的史料。在教学设计中，历史教师可以对有关商鞅变法的学术专著或者相关史书内容进行查阅，从中收集能证明秦国军事实力与经济在商鞅变法前后发生变化的史料素材，将之呈现在课堂上，向学生介绍解读，帮助学生对商鞅变法的意义产生更深刻的理解。

2. 互补

教科书对历史事物的阐述角度并不能将历史的方方面面全面涵盖。为了帮助学生对历史有更全面客观的认识，在进行教学设计时，历史教师应注意从教科书之外的角度，对阅读素材进行多角度、全方位的展示，以培养学生形成多维的史观，帮助学生将历史的全貌逐渐构建起来。例如，部编版八年级上册历史教科书第12课《新文化运动》中，编者在"知识拓展"栏目与正文部分，对于新文化运动时鲁迅、胡适等人大力提倡白话文的史事向学生进行了介绍。学生在对教科书中的内容有了基础的了解后，往往会产生文言文落后，白话文优越，当今社会提倡使用的主流文字就是白话文这样比较片面的认识。但对资料文献进行认真研究之后不难发现，当时人们对白话文的普及推广并不顺利，文白之争一度相当激烈，甚至如林纾、黄侃等很多大家都曾在公开场合中对推广白话文表示了明确的反对，力争文言文的延续。另外，社会上还有"折中派"主张两种文本语言方式和谐共存，他们提出的观点也同样很有价值。历史教师可以将三方的辩论原文引用到课堂当中，作为阅读素材，引导学生明确辨析各方的观点与立场，并认识到现代历史发展以白话文为主流的意义，同时认识到文言文对传承中华文化具有不可磨灭的价值。

3. 对比

在事物关系的发生方式中，对比是一种重要的方式。历史学习常使用古今对比、中外对比的方法。历史教师可以在教学设计时，引用适当的阅读素材与教科书上的知识点进行对比，以便学生对两者的差异性与共通点做出分析，进而实现对思维的训练。例如，在部编版七年级下册历史教科书第15课《明朝的对外关系》中，"相关史事"栏目与正文部分中对郑和下西洋的浩大规模、具体过程、先进的航海技术与船只设备做了详细的介绍，促使学生产生了强烈自豪感。郑和下西洋作为我国古代航海史上的"绝响"，与西方一些国家开辟新航路相比，仍存在着一些较落后的因素。对此，历史教师可以将《哥伦布日记》节选与《明实录》中关于郑和下西洋的有关记录作为补充阅读素材，带领学生对比国家制度、航海目的、航海规模、航海理念、航海技术等，引导学生对近代中国逐渐落后的原因进行深度挖掘。

4. 反驳

教科书的阅读素材与观点比普通书籍更加权威。然而，教科书毕竟也是由人编写的，编者难免会在素材选择与运用方面存在某种疏漏和不足。因此，历史教师应仔细查阅并核实教科书中引用的素材和提出的观点，对其中存在争议的部分持质疑态度，再查找更多的史料文献进行佐证或反驳，培养学生敢于质疑和挑战权威的精神，使之采取适宜的办法证实历史事件，从而产生正确认知。例如，前文中"永平求法"在历史界中的争议始终较大，历史教师对此可在课堂中采用梁启超先生在《中国历史研究法》中做出的相关论述，再引导学生阅读和辨别梁启超的看法和教科书的观念，鼓励学生课下对相关资料文献进行查阅，深入探究"永平求法"。

（三）以丰富多样的形式使用阅读素材

阅读是一个加工处理一系列信息的过程，它包括阅读者使用眼睛对文本进行观看形成视觉信号输入大脑形成记忆信息的过程，包括阅读者分析理解文本内容后内化形成个人思维、情感及观点的过程，还包括表现和表达这些思维、观点以及情感的过程。教科书以固定文字的形式将阅读内容呈现出来，然而课堂是多变的，在进行教学设计时，历史教师可以处理加工额外补充的或者教科书中原本就有的阅读内容，再由学生自主选择解读和输出素材的方式，以便找出最契合的接入点，使学生的兴趣与史料阅读内容充分结合。历史教师可以开展各种形式的教学活动，如课本剧、听证会、模拟法庭、辩论赛、演唱会、模拟联合国等，赋予阅读素材更充分的活力与生机，促进历史课堂气氛变得更加融洽活跃，将学生对历史的学习兴趣充分调动起来。

例如，为《百家争鸣》这一课进行教学设计时，历史教师可向学生提供儒、墨、法、道各个思想学派代表人物著作中的节选内容，并要求学生用多个学派的著作原文就"深圳交警对闯红灯行为进行罚款"的主题编写辩论稿，并进行充分的辩论活动。又如，在部编版八年级上册历史教科书中，在复习中国现代史时，可以汇总《春天的故事》《东方红》《爱我中华》《七子之歌》《打败美帝野心狼》《东方之珠》等歌曲，组织具有突出音乐才能的学生在开展的以怀旧歌曲为主题的演唱会中进行演唱，最后带领学生结合课本，阅读歌词内容，找出二者对应的知识点进行复习，加深印象。对于《秦统一中国》这一课提出的"郡县制的设立"这一知识点，历史教师应指导学生对《秦始皇本纪》（节选自《史记》）加以选读，并处理翻译，再进行课本剧《郡县制 VS 分封制》的编排和表演。通过对课本剧的表演和欣赏，学生可在两种辩论角度与观点中感受这两种不同制度之间存在的差异。

加工处理阅读素材，找出恰当的切合点，以各种丰富的形式完成信息输入与情感输出的环节，不仅要求历史教师全面挖掘文本特点，更是对历史教师能否熟练使用各种教学手段的考验，还是表现历史教师教学技巧与教育智慧的重要方式。

笔者以上述方法与策略为依据，做出了相应的案例设计，为在历史课堂教学中对史料阅读的进一步应用提供了有效的借鉴与参考。

三、史料阅读与教学设计整合的案例

笔者以部编版七年级上册历史教科书中的第8课《百家争鸣》为此案例的设计对象，其中的课程资源包括《史记》中的《老子韩非列传》《孔子世家》《孟子荀卿列传》等多个经典篇目，还有《道德经》《墨子》《孟子》《韩非子》《荀

子》等各学派的思想著作，采用听证会、课本剧等多种形式的教学活动完成了教学设计。

（一）教学三维目标

1.知识与能力

能将春秋时期的道家、儒家、法家、墨家的代表人物、主要观点及代表著作准确说出来。

2.过程与方法

历史教师提供文本素材，带领学生进行阅读，并编演课本剧《诸子百家竞争上岗》。学生在阅读文本素材后，需对文本进行加工和翻译，同时编写相应的发言稿。历史教师采取听证会的形式，组织学生以角色扮演的形式，用发言稿陈述自己的观点。同时，历史教师还应组织不同流派的学生积极开展辩论和讨论，制定出解决问题的最终方案。

3.情感态度与价值观

首先，学生对经典文本进行阅读，感受古代先贤的智慧，从而对博大精深的中华经典文化有一定的认识，并从中领略经典著作的魅力。

其次，模拟听证会活动。学生在面对"福州交警是否应以罚款的方式对待闯红灯者"这一社会问题时，使用不同学派的思想寻找解决方案。同时结合各个学派思想与社会主义核心价值观，对经典的思想文化在当今社会具有的现实意义和价值有所认识。

最后，学生在模拟听证会中对社会问题有了更高的关注度，逐渐形成当代初中生应有的责任担当意识。

（二）教学重难点

道家、儒家、法家、墨家代表人物思想及著作是教学重点，百家争鸣具有的现实意义则是教学难点。

（三）课时安排

本课包含两个课时，"千年前的百家争鸣"是第一个课时讲述的主题，其主要向学生讲解百家争鸣相关的基础知识，通过课本剧《诸子百家竞争上岗》，使学生对各家学派的思想观点有所理解。"百家争鸣在今天"是第二个课时设计的主题，主要以模拟听证会的形式开展对"福州交警是否应以罚款的方式对待闯红灯者"这一主题的讨论，同时向学生讲解当代社会主义核心价值观的内涵，帮助学生进一步了解各家学派的思想在当今社会所具有的意义和价值。

（四）课前准备

教师应将本课所涉及的阅读素材，提前一周印成资料小册，并下发到每个学生手中，鼓励有意向的学生积极参与《诸子百家竞争上岗》剧本的编写，并充分利用课余时间组织学生进行排演。

（五）教学过程

课时一：千年前的百家争鸣

历史教师：首先感谢在前几天的教师节时，同学们送给我的祝福和一些小礼物。我注意到其中的一张卡片上面写着"学高为师，身正为范"（同时展示卡片）。这句话是教师的尊严和价值的体现。在春秋战国时期，一批具有鲜明个性和渊博知识的学者、教师涌现出来，他们以各自的思想互相进行辩论，并著书立说，将他们的思想和知识传播弘扬开来，促进了中华文化的发展。这是历史上的哪个历史事件呢？

学生：百家争鸣。

教师：（先向学生解释百家争鸣）春秋战国时期之所以出现了中国历史上第一次思想大解放，是因为当时社会环境发生了巨大的变化。下面请阅读以下三则史料，并对当时社会的经济、政治及文化这三方面的变化做出具体分析（多媒体展示以下史料）。

材料一：

古书上记载，春秋时期，人们已经用铁农具耕种土地。在湖南、河南、江苏等地的春秋墓葬中，发掘出一批铁制农具。此外，至迟在春秋末年，人们已使用牛来耕地。铁农具和牛耕的使用，是春秋时期农业生产力水平提高的重要标志。

——部编版七年级上册历史教科书第 6 课《动荡的春秋时期》

材料二：

平王之时，周室衰微，诸侯强并弱，齐、楚、秦、晋始大，政由方伯。

——《史记·周本纪》

学生：牛耕与铁制农具的使用，对生产力的发展起到了很大的促进作用；诸侯争霸，分封制逐渐瓦解，士阶层就此兴起。

教师：（展示自学表格，具体如表 2-1 所示）下面十分钟进入自学，请认真对课本内容进行阅读，找出代表思想家的著作名称和所属时期，并对他们的思想观点进行概括。十分钟后由我选择一些同学来展示自学成果。

表2-1　自学表格

学派	代表	时期	思想观点	著作
道家	老子	春秋末期	1. 事物都有对立面并可以相互转化 2. 政治上讲求无为而治	《道德经》
	庄子	战国	1. 无为而治 2. 万物各有其本性，本无所谓高低	《逍遥游》 《齐物论》 《养生主》
儒家	孔子	春秋末期	1. 在道德和政治方面，主张"仁"和"礼" 2. 在教育方面，主张有教无类	《诗》《书》《礼》 《乐》《易》《春秋》
	孟子	战国中期	1. 人性是人类所特有的本质特性 2. "内圣外王"是建立于理想人格之上的政治主张，重视道德完善甚于治理天下国家才能 3. 仁、义、礼、智四德是主要的道德内容	《孟子》
	荀子	战国中期	1. 天道自然 2. 天行有常 3. 制天命而用之 4. 天人相分	《荀子》
墨家	墨子	春秋末期 战国初期	1. 兼爱非攻 2. 天志明鬼 3. 尚同尚贤 4. 节用节葬 5. 非乐 6. 非命	《墨子》
法家	韩非	战国末期	1. 事在四方，要在中央；圣人执要，四方来效 2. 以法治国 3. 法不阿贵	《韩非子》

　　学生自行阅读课本，填写表格，被老师选中的学生展示自学成果。

　　教师：（点评学生所做的表格，向学生展示参考答案，供其修正）孔子在一众思想家中，对中国的影响是最深远的。在教育方面，孔子广收门徒，积极开创私学，被世人称作"万世师表"，他的教育思想至今仍具有重要、积极的教育意义。在汉朝以后，他的政治思想成为我国传统文化的正统思想。例如，"有教无类"的公平思想在九年义务教育中有所展现，通过第二课堂的开设，使因材施教的做法在分层教学等中充分得以体现。孔子的思想对同学们的学习也有很多益处，请同学们认真阅读课后活动栏目中节选《论语》的内容，对其中值得借鉴的学习态度和方法进行讨论（多媒体展示史料）。

知之为知之，不知为不知，是知也。

三人行，必有我师焉。

学而不思则罔，思而不学则殆。温故而知新，可以为师矣。敏而好学，不耻下问，是以谓之文也。

——《论语》

学生：不弄虚作假，开动脑筋思考，谦虚好问，经常温习。

教师：各家学派观点各有所长，针锋相对。在春秋战国时期的动荡社会中，哪家学派的思想会得到统治者的青睐呢？首先假设这几位思想家怀抱着他们的治国理想，冲破了时空的限制，来到了秦国大王面前，开始了竞争。下面请欣赏课本剧表演《诸子百家竞争上岗》。

学生表演课本剧。

秦王：作为秦国的国君。我要争当霸主，大展拳脚，一统天下。因此，我决定大开言路，在列位思想家中选择一种能助我完成称霸大业的思想作为治国方针，并将这位思想家作为辅佐我的军师，诚邀各派学者表述思想观点，竞争上岗。

孔子：大王您好，老夫认为您应该用崇高的道德教化百姓，即以德治国，正所谓"道之以德，齐之以礼，有耻且格"，如果人人都能被培养成有羞耻心的君子，那么您的国家就会变得更加强大，您也会成为名垂千史的君王。

孟子：孔老夫子说得对。大王您要实行仁政，正所谓"民为贵，社稷次之，君为轻"，大王如果您不爱惜百姓，迟早会被百姓推翻抛弃，更别说什么一统天下了。

荀子：除了前辈们说的仁政以外，我们儒家还主张实行"礼治"，就是每个人做的事情都应该符合礼的要求，这样社会才不会混乱，大王您想要取代周天子，这种做法不符合礼的要求。

秦王：儒家不愧是讲究仁爱的学派啊，你们说得很有道理。我听说墨家讲究兼爱，下面请墨家的代表墨子谈谈你的看法。

墨子：大王我先给您讲一个故事。有一个人家有良田美宅，他却惦记着邻居破破烂烂的茅草房。您说这人怎么样？

秦王：智商有问题。

墨子：大王，您的秦国拥有非常肥沃广阔的疆土，但却还在惦记那些贫瘠小国的土地，与刚才那人相比，又有何区别呢？兼爱非攻是我们墨家一直以来主张的思想。所有人都应互爱互利，如果每个人都能献出一点儿爱，那么世界将变成美好的人间。

秦王：你很有爱心。

老子：我作为最为年长的人，奉劝各位要做到与世无争，这样天下才能太平。秦王，如今您的国家实力强盛，对国家用心经营，看似是好事，但一味追求国家的强盛也很可能会因此招致祸端。所以应无为而治，顺其自然。不听老人言，吃亏在眼前啊。

庄子：老子先生说得对。我们要顺应自然，减少欲望，大王您应该摆脱这世俗的所谓的丰功伟业，去追求逍遥的自由生活啊。

秦王：两位先生如此之高的境界，寡人实在难以高攀。请法家代表韩非先生来谈谈。

韩非：鄙人看来，大王应抓住那些宣传异端邪说之人，不要让他们的思想对百姓的视听造成混淆。请问大王，为什么森林里的老虎可以对其他动物造成震慑？这是因为它的爪牙十分锋利。大王可以用非常严格的法律对人们的行为进行约束，以权术对百官进行管理，像老虎一样以自身威势对诸侯进行震慑，集中把控管理天下的权力，相信秦国不日便能一统天下。

秦王：诸子观点大放异彩，各有所长。寡人实在难以抉择，各位爱卿，你怎么看？

学生讨论并表达自己的看法。

秦王：当下战乱频繁，诸侯争霸，各国都妄图通过变法变得富强。若寡人依据老子、庄子的说法，顺应自然，无为而治，那么我的国家很快就会灭亡。儒家提出的仁政思想，对我加重税收征召军队征战沙场十分不利。各诸侯国为了争夺霸主之位纷纷开始备战，并不会对他人仁慈关爱，所以，墨子的想法也不适宜。寡人看来还是法家的思想最为有效、实际。因此，寡人决定聘请韩非先生为我的军师，为我谋划大业，助我秦国一统天下。

教师：在这节课中，我们对形成百家争鸣的时代社会背景进行了学习，对各个思想流派主张的思想观念及代表人物有了一定的认识，对千年前这些思想家的人格魅力与智慧也有了了解。然而，诸子精神对于当今我国的发展有哪些意义和价值呢？下节课，我们将继续学习"百家争鸣在今天"。

课时二：百家争鸣在今天

教师：（多媒体展示资料）同学们，我们每个人都应该遵守红灯停、绿灯行的交通规则，如果不遵守交通规则会发生什么？以下是一则社会新闻，自2016年5月开始，福州市以罚款的方式来处置闯红灯者，对此，很多福州市民发表了相关意见。老师从论坛中选出了三种有一定代表性的声音，接下来同学们要对他们的观点进行概括。

学生：第一种主张严厉惩罚。第二种认为要批判教育。第三种认为贪图方便是人性，政府应该改善道路环境。

教师：请同学们联系上节课学习的诸子百家的思想观点，分析一下这三种声音分别与哪一家的思想相契合？

学生：第一种是法家。第二种是儒家。第三种是道家。

教师：在当今中国社会，诸子百家的思想精神已渗透到社会各阶层，现在我们代入交通部门的角色，围绕"福州交警应怎样治理闯红灯问题"开展模拟听证会进行讨论。听证会指在进行某项决策之前，政府部门邀请市民与相关专家共同参与协商的会议。

接下来由各个小组长依次抽签，从法家、儒家、墨家、道家四个学派中选择自己扮演的学派发言人，组织本组组员根据对应的史料读本，写出自家学派的发言稿。要求使用史料读本的原话来编写发言稿，至少要有三句直接引用的原文。

学生开始召开听证会。听证会内容如表2-2所示。

表2-2　福州交警关于行人闯红灯的治理方案听证会内容

议程	内容	备注
环节一	主持人介绍听证会的目的和议程环节	
环节二	儒家、道家、法家、墨家各派1名代表上台陈述观点	每位代表用时不得超过3分钟
环节三	普通听众对4位代表的建议进行质疑，代表答听众问	共选择8名听众进行提问
环节四	主持人发言总结	

教师：诸子百家的思想观点传承千年，至今仍对我国社会有着深刻的影响，请同学们认真阅读PPT中的阅读材料，并就其中问题展开思考。第一，请同学们根据老师提供的史料小册与课本中的内容，找出与我国社会主义核心价值观相适应的人物观点与思想流派。第二，请结合习近平同志的话语对怎样正确对待中华优秀传统文化进行概括。

教师展示以下资料：

材料一：

社会主义核心价值观基本内容：富强、民主、文明、和谐、自由、平等、公正、法治、爱国、敬业、诚信、友善。

——习近平主持十八届中央政治局第十三次集体学习时的讲话

材料二：

我们生而为中国人，最根本的是我们有中国人的独特精神世界，有百姓日用而不觉的价值观。我们提倡的社会主义核心价值观，就充分体现了对中华优秀传统文化的传承和升华。

——习近平总书记在与儒学大师汤一介交谈时的话语

学生思考并回答。

教师：在当今社会，诸子百家的思想观念仍具有很高的学习价值和重要意义，对中国梦的实现有一定的助力作用，作为初中生，同学们要认真了解和领悟诸子精神，并将其应用在日常生活与学习中。

第三章 口述史料的应用

第一节 何谓口述史料

一、从口述传统到口述史学

现代意义层面上的口述史（oral history）出现的时间并不长。学界普遍认为现代口述史于20世纪40年代在美国形成，到了20世纪五六十年代，它在美国本土不断发展，逐渐在全世界传播开来。

对于"口述历史"而言，虽然这个专有名词很晚才产生，但世界各地都在历史信息的传递和保存方面将口述作为重要手段，尤其在各民族的早期发展阶段，在印刷术与文字不够发达的时期。在远古时代，人类社会还没有产生文字的时候，人们便以口头传说复述的形式将祖辈们与大自然争斗的光辉事迹传述给后世，这就是口述历史的最初形态。口述历史这一传统在很多国家中都有着悠久的发展历程。首先，在各个民族精彩绝伦的神话传说中就有所体现，如中国的女娲补天、大禹治水，西方国家的诺亚方舟，等等。在文字产生以后，人们仍将口述作为保存历史信息的重要手段。这一点，各民族早期诗歌就有所体现。诗歌不仅是原始的历史，还是一种可以咏唱的古老的口述史，它产生于人类远古时代，与神话传说一样久远，其中的著名代表有古希腊的《荷马史诗》、中国藏族的《格萨尔》等。另外，历史学家们非常重视以口述历史信息为依据完成对历史的书写。司马迁在编撰《史记》时，为了能够"网罗天下放失旧闻"，他"南游江淮，上会稽，探禹穴，窥九疑，浮于沅湘，北涉汶泗"[①]。而

---

① 朱长英.文学地理视域下的两宋词坛研究[M].北京：知识产权出版社，2020：250.

西方的修昔底德（Thucydides）也在《伯罗奔尼撒战争史》一书中表示，他所描述的是他听到亲身经历过此事的人所讲述的，并对此进行了仔细的考核，并不是他亲眼所见。由此可见各民族在书写早期历史方面口述资料的重要性。

随着印刷术与文字的不断发展，人类越来越推崇真实客观的文献史料，而口述历史因具有较强的主观性和模糊性特点，在主流史学界中逐渐被摒弃，尤其到了 19 世纪，在兰克实证主义兴起后，这一发展趋势更加突出。后来，新史学浪潮在 20 世纪汹涌而来，随之而来的还有对文献史料客观性与真实性的强烈质疑。维斯塔尔（Vestal）是美国的一位早期口述史家，他将相关口述史料与《西亭·布尔》一书中引用的史料文献进行了比较分析，并指出人们普遍认为印刷品具有很高的权威性，但事实并非这样，在面对采访时，人们可以对口述者的知识、能力与忠诚进行多次检验，但在阅读时，读者只能盲目、被动地接受。由此，口述历史的传统再次得到史学家们的重视。与此同时，现代技术的快速发展为历史的保存提供了更新、更好的途径。[1]20 世纪 40 年代，真正具有现代意义的口述史学在美国产生。1948 年，艾伦·内文斯（Allan Nevins）教授在其任职的哥伦比亚大学中建立起了哥伦比亚大学口述历史研究室，这是美国历史上建立的第一个口述研究机构，学界均认同此行为标志着现代口述历史学的正式诞生。

二、口述史与口述史料

（一）口述史概念界定

口述史分为狭义与广义两种。狭义口述史指的是学术意义层面的口述史，它于 20 世纪 40 年代在美国产生，1948 年美国现代史学家艾伦·内文斯建立了第一个口述史研究室，成为现代口述史学产生的标志。广义的口述史代表的是在人类社会没有产生文字记录的时期，人们将重大事件、生产技能、人类起源、生活习俗等通过口耳相传的形式流传下来。这种信息传递方式就是人类社会最初形态的口述历史，即史学的源头。在人类社会有了文字记载之后，中国就有了孔子编订的《尚书》以及司马迁编撰的《史记》等，西方就有了修昔底德编撰的《伯罗奔尼撒战争史》以及希罗多德（Herodotus）编撰的《历史》等。不管是东方学者还是西方学者，都引用了大量的口述史料进行了历史文献的创

---

① 高慎晶，李明.口述史料在高中历史教学的应用探究[J].赤峰学院学报（哲学社会科学版），2021，42(12): 106-109.

作，将历史具体生动地记录了下来。但是，目前学术界在"口述史"概念的具体界定上，仍存在较大的分歧。

国外学术界提出的几种观点如下。第一，路易斯·斯塔尔（Louis Starr，内文斯的继承者）认为，在做好一切事前准备工作，准备好录音机等工具后，以采访的方式将人们口述所得的具有保存价值和迄今尚未得到的原始资料记录下来得到口述历史。[①]斯塔尔对其中的采访工具与采访所得是否为至今未得到过且具有价值的原始资料做出了强调。第二，保罗·汤普森（Paul Thompson）认为，调查和询问人们的生活及其口头故事得到的记录就是口述历史，且经口述方式传递的信息应大多为与人们日常生活相关的信息。[②]第三，唐纳德·里奇（Donald Ritchie）曾任美国口述史协会会长，他认为，口述史是以访谈录音的形式收集的人们对重大历史事件与回忆的口头传述的个人评论，在他看来，个人评论也是口述史中的一部分。[③]

国内学术界也从多种角度对口述史界定了不同的概念。北京市社会科学院历史研究所的学者钟少华表示，口述历史是人类利用种族特有的语言，利用科技设备，从历史工作者与受访者谈话的录音资料中提取的历史信息就是口述史料，将其整理成文字稿，再进行处理加工，就可以制成各种口述历史专著。[④]

杨立文曾任北京大学历史系教授，他指出，口述历史在总结文字资料方面的重要作用就是将知情人与当事人的口头资料收集起来，将他们亲眼所见、亲耳所闻、亲身经历得到的记忆信息表述出来，经由录音、做笔记等方式形成新资料信息。[⑤]访问调查是收集口述资料的基本方法，其采用录音或笔记的方式将资料收集起来，将其与文字档案对比核实，最终整理成相应的文字稿。对比其他学者的观点，杨教授对于文字档案与口述史料的核实更为关注。而在温州大学口述史研究所所长杨祥银看来，以怎样的概念界定口述历史并不重要，重要的是对口述历史的精髓有精准的把握，即其以声音的格式对过去的历史记忆的保存作用，他对声音对历史的保存作用做出了强调。

① 杨祥银. 与历史对话：口述史学的理论与实践 [M]. 北京：中国社会科学出版社，2004：5.
② 孙洪亮. 历史教学中运用口述历史的价值和路径 [J]. 教学月刊：中学版，2015(12)：55-59.
③ 里奇. 大家来做口述历史 [M]. 王芝芝，姚力，译. 北京：当代中国出版社，2006：6.
④ 钟少华. 中国口述历史研究的探索 [J]. 自然辩证法通讯，1986(5)：77-79.
⑤ 杨立文. 论口述史学在历史学中的功用和地位 [J]. 北大史学，1993(6)：120-136，276.

（二）口述史料概念界定

各国学者都将其各自对口述史料的定义提了出来。例如，在《大家来做口述历史》中，唐纳德·里奇有过这样的一段论述："简单地说，口述历史就是通过录音访谈来收集口头回忆和重大历史事件的个人评论。"在他看来，口述史料具有口头回忆与个人评论两层含义。

杨立文也对口述史料进行了定义："相对于文字资料而言，就是收集当事人或知情人的口头资料；这些历史的当事人或知情人将其亲身经历、亲见、亲闻而储存在记忆中的资料表述出来，或笔记、录音，由此而形成新资料。"[①] 从中不难看出，在杨教授看来，知情人或者当事人所表述的亲身经历或见闻的资料或者通过整理访谈录音、笔记得到的新资料都是口述历史。钟少华先生表示，以人类的语言将历史工作者与受访者合作得出的产物描述出来，再借助科技设备将双方的谈话录制下来整理出来的资料就是口述史料。[②] 杨祥银先生认为，受访者与访谈者在事先有所准备的情况下，进行有意识的互动交流得出的产物就是口述史料。[③] 这两位学者都对受访者与访谈者之间的互动交流和合作做出了强调，认为合作产物即口述史料。

本书结合上述观点，总结认为，借助各种工具设备将受访者与访谈者的有效合作、互动得出的受访者亲身见闻和经历的具有一定历史价值的对回忆的口头描述总结的资料就是口述史料。口述史料既包括口口相传的神话、传说、史诗，又包括访谈回忆录和其他口述史记录。

三、口述史料的分类

（一）回忆录类口述史料

回忆录类的狭义层面的口述史料指的是总结整理见证者或亲历者对事件的具体回忆形成的史料。以回忆主体为根据可将其分为集体回忆与个体回忆两类。

集体回忆也叫集体记忆，是某一具有同一性或有其特定文化内聚性的群体

---

① 杨立文. 口述历史刍议 [J]. 纵横, 2002(8): 3.

② 钟少华. 中国口述史学漫谈 [J]. 学术研究, 1997(5): 45-50.

③ 杨祥银. 与历史对话：口述史学的理论与实践 [M]. 北京：中国社会科学出版社, 2004: 5.

共有的对过去的记忆。① 这是一种亲历某一事件的所有人共有的记忆，通常比较零碎分散，将这些记忆收集起来，经梳理就可以形成集体回忆录。《幸存者回忆录：南京大屠杀》就是一种比较典型的对集体回忆进行整编处理制成的纪实体著作。

个体回忆即个人对历史的口述资料。这种回忆录与亲笔回忆录不同的是，前者为受访者讲述，访谈者记录整理，后者则为受访者自行整理回忆内容。个体回忆部分可以占据整个回忆录的主要部分，但需要有采集者与之互动收集相关信息。这类回忆录中比较有代表性的就是史学名家唐德刚创作的《李宗仁回忆录》，该著作主要由李宗仁与哥伦比亚大学合作研究口述历史的相关事迹，由唐德刚笔录整理产生。唐德刚笔录、李宗仁口述的材料部分就属于个体回忆录类的口述史料，这部分约占整本著作的20%。

（二）史诗类口述史料

这类史料也被称为口传史料，产生于文字形成之前，历史悠久，以人类口头转述的形式将历史传承下去。

史诗即描述重大历史事件或歌颂古代英雄传说的叙事长诗。历史事件与古代英雄事迹在文字产生之前一直以口述的形式代代流传，其内容在人的主观意识下不断被改编进而变得丰富。文字产生之后，这些事件、事迹才逐渐统一定型。我国史诗中比较典型的有藏族民间的《格萨尔》，它是一部长篇说唱体英雄史诗，还有柯尔克孜族的传记性史诗《玛纳斯》，以及蒙古族的《江格尔》等。

（三）证言证词类口述史料

从口述史料的概念上看，它也包括证人证言类资料，即证人向法院陈述自身对案件情况的了解（也就是对案件的回忆），是一种口述形式的证据。在司法判决中，目击证人提供的证言证词具有重要的意义，为司法机关判断案情、定罪犯罪嫌疑人提供了重要依据。以《人民法院诉讼文书立卷归档办法》为依据，以文书形式将诉讼庭审过程中获得的调查、询问证人的证词记录下来，在收案后，所有证人证词和调查、询问取证的材料都应作为开庭审判笔录做好归档处理。

---

① 张兵娟.记忆的仪式：黄帝故里拜祖大典的传播意义与价值[J].郑州大学学报（哲学社会科学版），2012(4): 111-115.

（四）录像录音类口述史料

录像录音类口述史料是以视频或音频的形式保存下来的史料，这种口述史料的保存形式是近代科技发展带来的便捷成果，是研究现代口述史的有效且重要的手段和途径。这种保存方式大大降低了历史资料在传统口述史料流传过程中的失真率，使每句访谈和记录下来的口述内容都能查到相关依据。一旦将录像录音资料整理成文字，就应将其归类为访问记史料，但还是会有大量的人物讲话、调查访谈、会议现场的记录资料以录像录音的形式保存下来，尤其是在当今互联网技术及影音技术快速发展革新的情况下，"读屏"时代悄然而至，越来越多的访谈节目与纪录片形式的口述历史资料涌现出来并被保存下来。例如，各大电视台设计制作和播出的各种口述历史栏目，如《见证》《讲述》《口述历史》《大家》等，以及各种口述纪录片，如《世纪行过——张学良传》《我的抗战》等。其中以大型历史纪录片《我的抗战》最具代表性。在这部纪录片中，多位亲历抗战且已到耄耋之年的老人讲述了众多曾经发生过的敌后战场与正面战场的著名战役，还涉及了抗日战争时期医疗卫生、社会生活、民众心态及战时教育等抗战历史相关内容，为后人提供了许多了解抗日战争的资料。在初中历史课堂中适当地引用这些制作精良、内容丰富的影音资料，可以更大程度地呈现历史原貌，丰富历史课堂的教学内容，使学生学习历史与教师教授历史的方法与途径多样化。

四、口述史料的特点

口述史料是与实物史料和文献史料不同的第三种类别的史料，有其自身鲜明的特色。众多前辈学者结合自己的理解，对口述史料的特点做出了不同的总结概括，侧重之处各有不同。在笔者看来，口述史料主要有个人性、民间性与生动性的特点。

（一）个人性

在各种口述史料中，一般只有口传史料会显示出某一社会或民族共有的特征，其余的类型几乎都只记录了口述者个人的亲身见闻或经历。在挖掘口述史料的过程中，研究者往往对被访问者讲述自身亲历的重大人生经历时站在个人角度上获得的人生经验更为重视，而忽视那些高谈阔论的非本人亲历的部分。唐德刚先生为李宗仁先生做访谈，在记录口述史料的最初阶段就曾发生过类似的情况。在李宗仁先生讲到其作为"护国军"排长时的经历，并对当时的国家大事与政治时局大谈感想时，唐德刚先生劝说其更多地讲述一些作为排长时亲历的小事，而不要总是谈及政治哲学与国家大事。个人经历与体验是口述史料的一大重要特色，但在收集记录时还应核实受访者的个人经历与宏大历史叙事是否有太大的差异。埃里克·霍布斯鲍姆（Eric Hobsbawm）认为，处于不同社会阶层的人对重大事件的关注点与记忆通常有一定差异，这使得历史的深度与细节在无形中不断被丰富。[①] 此外，前文中的"个人"，所指代的不仅有上层精英或者一些大人物，更多为生活在社会基层的小人物。很多传统史料大多不会提及这些小人物，但经他们的精彩叙述，我们可以在口述历史中发现很多传统史学没有关注到的方面，从不同的层面与维度观察和感受历史。

（二）民间性

有学者将民间性称作社会性、广泛性、民主性与自下而上性。随着现代口述史学的形成，这种特性在后来的很多口述史料中愈加鲜明。在现代口述史形成后不久，很多美国的口述史学家逐渐意识到，要想进一步发展口述史学，就不能只关注精英阶层，还要对社会底层的普通民众给予更多关注，开辟研究口述史学的新领域与新方法。后世口述史学家深受这一思想的影响，将研究方向扩展到少数民族、偏远山村、社区、儿童等新的史学探究领域，这对社区史、妇女史、城市史、家庭史等新兴史学学科的形成和发展起到了积极的推动作用。国内也有很多学者通过不断的实践对现代口述史所具有的这一特点做出了证实。例如，刘小萌的《中国知青口述史》、定宜庄的《最后的记忆：十六位旗人妇女的口述历史》《老北京人的口述历史》等，以及具有代表性的典型口述纪录片，如《我的抗战》等。以《我的抗战》为例，抗战的亲历者是这部纪录片的主要受访者，大多为普通群众，如平民、中下级官兵、医护人员、文艺工作者等，他们讲述的内容不仅包括他们在抗战时期亲历的著名战役，还包括从民间视角看到的抗战历史内容，如医疗教育、百姓生活等。根据以上作品可以发现，这种以普通人视角记录的历史，可以使普通人有机会表达自己的观点，将自己的亲身经历、记忆刻入历史，使其成为历史的一部分。

（三）生动性

口述史料的生动性可以从两个方面显示出来。一方面，在表现形式与叙事手法上，口述史料的选择有很多种，可以使用录像、录音等新技术，也可以使

---

① 徐杰舜.一方水土养一方人［M］.哈尔滨：黑龙江人民出版社,2005: 166.

用传统笔记记录的方式，将口述史作品记录整理成史学论文或史学著作再进行出版发表，还可以将其制作成相关的访谈节目或纪录片，借助网络、电视等媒介完成对外传播。从某种意义上看，这种口述史作品的表现与叙事方式打破了史学作品以前严肃呆板的固有形象，有效拉近了大众与史学的距离，相关节目《我的抗战》《百家讲坛》在群众中的快速走红就证明了这一点。另一方面，口述史料的内容具有一定的故事性特征，这也是最重要的一点。

口述史料通常是个体在大脑中存储的具体的历史记忆与个人体验的直接信息，因此其中常常有对历史细节非常详细、生动的描述与回顾。鉴于全部史料细节都由人以口头叙述的方式输出，因此通常表现出非常浓厚的口语化色彩，使语言呈现的口述史料变得更加活泼生动，大大地提高了口述史料的感染性和故事性。口述史料与传统史学记载相比，有着更加个人化、更细致生动的细节展示。口述历史串联起一个个微小但细致的生活故事，从侧面对历史进行了描绘，为历史增添了更多的鲜活性与丰富性，使原本枯燥的历史逐渐变得生动形象起来。

鉴于越来越多的口述史料是通过录像、录音的手段保存下来的，所以除文字外，我们还可以通过口述者的动作、表情、神态、声音等对其或欣喜、或无奈、或痛苦的感受有更真切的体会和了解。在纪录片《我的抗战》中，数位在战火的洗礼下幸存的老兵用他们自己的方言在镜头面前将他们当年从参军到逐渐适应艰苦的军旅生活，从初入战场到习惯穿梭于枪林弹雨，不畏流血和死亡的每个细节慢慢地讲述出来，将他们参加战争和面对战争时内心的情感与感受通过镜头传递到观众心中。观众不仅可以看到屏幕中老兵们饱经战争与风霜后仍屹立不倒的风骨精神，更能从他们对那段峥嵘岁月的回忆中，从他们的声音、表情、动作等的变化中感受他们细腻的情感变化，并通过这些变化体会他们的真实情感，从而对他们讲述的那段历史有更加深刻的理解与感受。一些老兵虽扛过了战火的洗礼，却没有扛过时间的流逝，但后世的人仍可以通过录像和录音资料了解他们口述的历史，从他们的讲述中对那个多彩生动的时代有更加深刻的认识。

五、口述史料的作用

（一）作为文献史料的补充，填补历史空白

人类有着非常漫长的发展历史，而保存下来的文献资料只是人类了解历史的很小的片段。统治阶层被记录下来的具体活动是传统文献史料记载的主要内

容，但这些文献资料中却鲜少有与普通百姓的生活有关的记录。在各种因素的综合影响下，很多的文献史料受到了破坏或者遗失了，导致其内容与数量都非常有限。而历史传承人或者见证者提供的口述资料，使文献史料得到了补充，使历史得以复原，甚至得以纠正。正如杨祥银认为的："我们并不能保证这些口述凭证的准确无疑，但至少提供了一种与文献资料相互印证的可能。"①

（二）保护非物质文化遗产，保存历史记忆

联合国教科文组织在 2001 年 5 月 18 日公布了"人类口头和非物质遗产代表作"。人类视线的焦点从静态有形的物质性遗产逐渐转移到动态无形的非物质记忆遗产上，其学科意义非常重要。例如，在中华民族宝贵的文化遗产宝库中，少数民族的口述历史文化资源是其中之一，完好地保存少数民族口述历史资料是我国保护自身非物质文化遗产的一项必然要求。在一定程度上，非物质文化遗产是组成人类文化的一个重要部分，它是一个文化分支，更是一个全新的文化观察视角。

（三）为历史多样性提供可能，为公众阅读提供了更大的空间

口述历史为我们提供了观察和了解历史的新视角。站在传统意义的角度看，文献史料的记录是我们了解与认识历史的主要途径，即官方视角。作为历史的一部分，我们可以通过口述史料从亲历者的视角了解和解读历史，并通过分析亲历者讲述历史时神态、动作、声音等的变化对他们眼中的历史事件进行多维度的了解。

（四）提升普通群众在历史上的地位和作用，拓展研究视野

在研究传统历史时，研究内容主要为领袖人物、国家重大事件等。而口述历史为普通群众提供了发言的机会，将普通群众的生活事件作为研究对象，使普通群众的历史作用与地位得到了提升。在研究口述历史的过程中，研究视野得以拓展，如上海棚户区居民的生活、妇女史等。

---

① 杨祥银. 试论口述史学的功用和困难 [J]. 史学理论研究, 2000(3): 37–46.

第二节　口述史料在教学中的应用

一、口述史料在不同教学内容中的应用

（一）历史概念教学中口述史料的应用

历史概念是对历史现象内在、本质的联系的一种反映，是人脑对历史人物、事件以及现象所表现出来的本质特征的一种反映。众多历史概念构成历史知识结构。在历史教学中，应加强对学生进行历史概念教学，帮助学生掌握知识结构，对教材内容有深刻的领会，进而使学生的历史思维能力得到提升。可见，历史概念教学是初中历史教学的重要组成部分。随着社会的不断发展和进步，课程改革的范围不断扩大，如何大面积提升教学效益，推进历史概念教学的改革已成为初中历史教学工作者亟待解决的问题。

笔者认为从学生的认知水平出发，站在学生的角度去诠释历史概念，深入了解、研究学生，充分调动、挖掘学生学习历史的潜能是历史概念教学的根本原则，这就要求历史教师在教学中寻找一些能使学生对概念感兴趣的策略和方法。口述史料在历史课堂中的运用既符合学生的认知水平，又可以激发学生的学习兴趣，所以历史教师在教学中运用口述史料是讲好历史概念的重要方法。

1. 引入口述史料，创设情境

概念的形成是需要对具体的史实进行感知的，而且感知的史实越形象，越有利于概念的形成。历史教师可创设情境，引入历史概念相关当事人的口述史料，引导学生感受历史，激发学生学习的兴趣。例如，在向学生讲解家庭联产承包责任制时，历史教师可引用曾任安徽省省长的王郁昭曾经口述的一段历史。这段历史的主题为小岗村的"生死文书"。在安徽省凤阳县，严宏昌是小岗生产队的副队长。1978 年，他联合 18 户人家开展了大包干。18 位社员在当年 11 月 24 日的晚上，偷偷签订了一份"生死文书"，这份文书中主要有三条内容：一是分田到户；二是不向国家伸手要粮要钱；三是一旦干部坐牢，其余社员则养育其子女到 18 岁。历史教师在讲述的过程中带领学生进入当时的历史情境，调动其学习兴趣，使其进入学习家庭联产承包责任制概念的状态。

2. 朗读口述史料，加深对历史概念的理解

在讲述家庭联产承包责任制具有怎样的历史意义时，可以先邀请学生对原安徽省省长王郁昭回忆讲述的历史进行朗读："坦率地说，当时对其中的细节，我并不是很清楚。但到了第二年，小岗生产队创造了奇迹。18 户农民有 12 户超过万斤粮，油料产量超过合作化以来 20 年的总和，社员收入比上年增长了 6 倍。自 1957 年起，23 年来，第一次向国家交了公粮和油料任务，分别超额 6 倍和 80 倍。农民群众对'大包干'赞不绝口：'鞋合脚，政策好；人出力，地献宝！''大包干，真正好，干部群众都想搞。只要干上三五年，吃陈粮烧陈草。'"① 可以看出这样的经营模式提高了农民生产的积极性，解放了农村的生产力，促进了农业的发展。通过这种方式可以加深学生对家庭联产承包责任制历史意义的理解，培养学生透过现象看本质的能力。

（二）历史事件教学中口述史料的应用

在初中历史教学中，历史事件教学是其重要组成部分。通过了解具体的历史事件，学生可以真切地感受历史的存在。相应的历史语境是历史事件教学必不可少的一部分，与当时的文化、政治、社会、经济等因素密切相关。教学中适当引用口述史料，对全面反映历史事件所处的社会现实、社会心理、社会生活有着重要的意义。

例如，在讲述"资本主义侵略下中国自然经济的崩溃"时，历史教科书中用相当专业却略显冰冷的语言叙述中国自然经济解体的表现、影响，无法让学生产生"历史的感觉"，因为教科书的叙述完全没有营造出自然经济解体的氛围。历史教师可在讲解这个历史事件时引用蒋梦麟先生回忆家乡人民在近代变迁中"迷惘和阵痛"的一段文字："我的家乡余姚离宁波不远。……老百姓现在已经能够适应新兴的行业，……女人已经不再纺纱织布，因为洋布又好又便宜。她们已经没有多少事可以做，因此有些就与邻居吵架消磨光阴，有些则去念经拜菩萨。"② 寥寥几笔，就把当时人们对传统谋生手段消失的无所适从，面对新生产方式的无可奈何淋漓地展现出来，将人们对现实生活无望所导致的世风日下，列强侵略对民族经济、民众生活和心理带来的伤害显露无遗，将近代社会

---

① 新华社《国家相册》栏目组.国家相册：改革开放四十年的家国记忆 [M].北京：商务印书馆,2018: 36.

② 周瑞霞.网络环境下的中学历史教学改革研究：以"历史家园"网站为载体 [M].芜湖：安徽师范大学出版社，2014: 278.

更生中"传统"必须经历的阵痛鲜活地呈现了出来。总之，历史教师充分地营造出自然经济解体的氛围，可以让学生对"资本主义侵略下中国自然经济的崩溃"这个历史事件有更真实的感受，从而产生"历史的感觉"。

（三）历史人物教学中口述史料的应用

一段历史就是一段人类的活动史，由无数的历史事件错综复杂地交织在一起。一个历史人物不能改变历史，却能影响历史。历史人物是历史的主人，也是历史学重点研究的对象。所以，在初中历史课堂教学中，历史人物教学是初中历史教学的重要组成部分。在课堂教学实践中，历史人物的教学大多依赖教材的叙述，教学过程比较教条，缺乏生动性，影响了课堂教学氛围和教学效果。要使学生对历史人物形成正确认识从而受到深刻的教育，历史教师恰当地在课堂教学中运用口述史料是其讲好历史人物的重要方法。①

口述史料不仅具有珍贵的史料价值，还使历史记载更加细节化。传统文字史料中的历史人物，留给我们的只是其中的一面，或颂扬或贬斥，我们很难窥见历史人物的全貌。口述史料是历史的细胞，能复原历史，让我们看到历史的细节。历史教师在历史人物教学中恰当地运用生动形象的口述史料，可以使历史场面得以再现，使历史人物的风采得到更好的展示，使历史人物的形象更加丰满，从而达到历史人物教学的目的。值得我们注意的是，历史学科讲求史料的真实性，在历史人物的教学中要追求口述史料的真实，切不可为生动而失了真实性。

二、口述史料在不同教学环节中的应用

目前，历史教学界对史料教学比以往任何时候都要重视，越来越多的一线历史教师开始重视口述史料在初中历史教学中的运用。笔者根据整个初中历史课堂教学设计，主要从以下几个教学环节谈谈运用口述史料的情况，希望对新课改下的历史教学有所裨益。

（一）导入环节中口述史料的应用

《论语》有云："知之者不如好之者，好之者不如乐之者。"调动学生对历史的学习兴趣对其学习会产生很大的促进作用。因此，一次课堂能否成功，其关键在于能否将学生对历史的学习兴趣充分调动起来。调动学生学习历史的兴

---

① 覃棉.屯茂抗战口述史料评述 [J].今古文创，2021(38): 55–56.

趣，使其形成有效的学习动机，提高历史教学对学生的吸引力，是历史教学的重要要求。

笔者认为，历史教师在进行新课程的讲授时，可以先将一些有趣生动的口述史料引入课堂，将学生学习历史的积极性充分调动起来，帮助学生快速融入新课的教学中。当学生将自身的注意力转移到教学活动中后，学生将带着强烈的求知欲，主动积极地学习和思考，整个课堂教学活动都会顺利开展并得到理想的教学效果。

例如，历史教师在教授《远古的传说》一课导入我们的祖先从何而来时，可以讲述中外神话传说中许多关于人类起源的故事。它们都很有意思，如中国的炎黄传说、尧舜禹禅让传说和大禹治水传说。然而，这些仅仅是没有科学依据的神话传说。中国境内最早形成的人类是谁？人类是怎样产生的？早期的人类有着怎样的生活与劳动方式？这都是需要在这节课上研究探索的内容。历史教师要绘声绘色地讲述有趣的故事，将新课导入课堂，吸引学生的好奇心与注意力，引导学生怀揣着求知欲探索新课程。这种导入方式有趣且有效，能快速调动学生主动学习的积极性。

（二）突破新课内容重点、难点时口述史料的运用

不可否认的是，教学的重头戏仍是教学中的重点和难点部分。有些新课的重点和难点确实有很强的理论性，甚至因某些原因，只能高度概括一些内容，有时甚至没有相关的过程说明及历史结论，而历史教师又无法仅用一两句简单的话语将此解析清楚，由此，学生总是认为这些内容生涩、枯燥且难以理解。

如何对教学的重点、难点进行突破？历史教师可对口述史料做出有针对性的筛选，将之与教学有机融合，以口述史料服务教材中的重点、难点内容的学习。历史教师应引导学生对这些材料认真分析，辅之以讲解，帮助学生对重点、难点内容形成更深刻的理解。

例如，《抗日战争的胜利》一课的重点是全民族的抗战以及抗战胜利的原因和地位。从1931年"九一八"事变到1945年抗日战争胜利，很多内容都要在这一课中呈现，初中生难免对教学内容的理解停留在字面上，对这一阶段的历史缺乏深刻的认识。所以，历史教师在教学中可以引用一些口述史料，如《八路军老战士口述实录》《我的抗战》的部分资料，让学生通过这些当事人的讲述更真实地感受日军犯下的滔天罪行、日军给中国人带来的沉重灾难，以及全体中国人为全民族的解放所做出的英勇牺牲，从而更深刻地体会抗战过程中

所体现出的民族精神和中国对世界反法西斯战争做出的重要贡献。这样，学生便能更容易、更深刻地对重点、难点内容进行理解与掌握。

（三）对同一历史问题有不尽相同的评价时口述史料的运用

对于同一历史问题的评价，不同的人往往有不同的看法，因此历史教师可以采用多种史料教学，将口述史料和其他文献史料对这一历史问题的不同评价一起列出。学生通过对不同评价史料的分析，运用已有的知识和研究方法分析史料，对各种不同的观点展开研究、批判，并且解释其中的差异，从而使自己形成对这一历史问题的客观、完整的评价。这既能引起学生的学习与探究欲望，又能培养学生历史学习的能力。

例如，在讲授《太平天国运动》一课的时候，历史教师可以选取镇压太平天国的曾国藩的《讨粤匪檄》和英国人吟唎的《太平天国革命亲历记》中的部分史料。其中，英国人吟唎的《太平天国革命亲历记》属于口述史料中的回忆录，用以辅导学生互鉴互别。

曾国藩的《讨粤匪檄》："逆贼洪秀全、杨秀清称乱以来，于今五年矣。荼毒生灵数百余万，蹂躏州县五千余里，所过之境……一概抢掠罄尽，寸草不留……此其残忍残酷，凡有血气者未有闻之而不痛憾者也。"

吟唎的《太平天国革命亲历记》："不论他们（太平军）停留在某一占领地区的时间多么长，那里的景况总是和平的、满足的，只有在那些他们停留时间很短就马上撤走的地区，由于清军或趁火打劫的地痞流氓与成群结队的土匪强盗接踵而至，才遭到破坏毁灭。以上就是我的亲身体验。"

通过互鉴互别，学生明白同样是事件亲历者，由于政治立场、知识水平、主观情绪等差异，两者的描述往往未必相同，甚至是冲突的。所以，口述史料的引用不仅让学生更全面地了解历史，还帮助学生在学习的过程中提升对不同史料的鉴读能力。

（四）教材内容补充教学口述史料的运用

由于篇幅等原因，教材不可能把每个问题都讲得那么详细明了，历史教师可根据实际情况适当补充口述史料，以丰富教学内容。

在内容简略处，恰当地运用史料，创设历史情境，传达历史真实感，可以增强学生对历史人物、事件的认识。对这些史料的理解和掌握，有利于学生克服思维定势，养成探究精神。

例如，在讲授部编版八年级下册历史教科书中的《艰辛探索与建设成就》

时，由于初中生对史实所知甚少，而教材只是罗列了几个简单的史实，更多的是观点的呈现，所以学生通过教材无法对历史有全面、深刻的了解。而该时期的口述史料却是非常丰富的，因此历史教师可以在课堂上引用已经出版的口述史作品，借助亲历者的讲述资料让学生更亲近那段历史，这样学生对历史的认识会更全面、深刻，从而增强学生的法制观念，使其认识到现代社会民主法治的重要性，从而实现教学目标。

第三节　口述史料的教学案例设计

一、口述史料应用于课堂教学的教学案例

（一）课程导入引用口述史料

案例 1：部编版七年级上册《远古的传说》（片段）

1. 教学设计

本课共包含三部分内容，分别为"炎黄联盟""传说中炎帝和黄帝的发明""尧舜禹的禅让"。传说时代对于学生来说遥不可及，但关于这一时期的神话传说，初中生早有接触。历史教师在教学导入中引用关于炎帝的神话传说，以唤起学生的历史体验。

2. 教学实施过程

教师导语：同学们可能在以前就已听过关于炎帝的神话传说。传说炎帝三天就能说话，五天就能走路，三年知稼穑之事，他一生为百姓做了很多好事，如教百姓耕作，为使百姓免受疾病之苦，尝遍百草，最终误食毒药而死。除了炎帝，你还听说过古代传说中的哪些英雄人物？（学生争相回应：黄帝、大禹等）现在我们就走进传说时代，感受这些英雄人物带来的文明曙光。

3. 设计意图

在文字出现之前，人们采取口耳相传的方式保存历史，其中主要是神话传说，这也是最早的口述史料。在本课引入炎帝传说是十分切题的，神话传说包含着对原始时代风俗习惯的记述，或以某种方式反映了原始人的思维观念或生活状态。它们同样有助于我们了解创作、传颂以及记载它们的时代。通过神话传说这种形式的口述资料，让学生学习了解文明曙光乍现时代人们的生活方式。

案例2：部编版八年级上册《正面战场的抗战》（片段）

1. 教学设计

本课共包含"血战台儿庄""保卫大武汉""第三次长沙会战"三个部分。本课的一个重点是让学生了解抗日战争时，中国人民抗击侵略军所展现的顽强拼搏的精神和奋勇杀敌的勇气。在课堂教学伊始，历史教师引用参加过台儿庄战役将领的有关经历导入新课，营造中国人民奋起反抗的气氛，提升本课学习的感染力。

2. 教学实施过程

（1）情境导入。台儿庄战役的图片再现了战士们视死如归、奋勇杀敌的战斗场面，能让学生感受到战士们的英雄气概，再配以战役亲历者的口述资料，效果更佳。

口述资料如下：

材料一：

曹辅民，男，1920年生……1938年3月，他随三十一师开赴台儿庄前线。曹辅民老人回忆说："当时三十一师指挥部就设在台儿庄运河铁路桥下一个地下室里，我的主要任务是看电话和管理地图，一分一秒都不敢离开……有一次我就听见池峰城师长打电话说：'挑选身体强壮的，组织敢死队，一人一把大刀。炸掉浮桥，自绝后路，背水一战！'当时那个战争场面比你想象的要残酷得多，比电影里的要激烈，说用枪林弹雨来形容，枪弹比雨还要稠。"

——摘自《这就是当年的台儿庄战场》

材料二：

战争结束后，独立四十四旅专门抽了一个团，赶到台儿庄清扫战场。孙英杰负责掩埋战死的士兵，说到这段经历，孙英杰老人很激动："那个时候真是惨烈啊，5月的天气，很多尸体都烂了，环城河两岸臭气熏天……有时候我们还要抬担架，抬受伤的士兵，有的士兵半路上就不行了……"那一次，他们掩埋近3 000具尸体，其中日军尸体1 000余具。

——摘自《我所经历的台儿庄大战》

（2）教师导入。从这两位老人的只言片语中，我们可以看到中国人民为取得战役的胜利所付出的苦与痛、血与泪。那么，台儿庄战役的具体经过是怎样的呢？除了台儿庄战役之外，在抗战中，中国军队还取得了哪些胜利呢？带着这些问题，让我们一起走近"新的长城"。

3. 设计意图

教材试图通过这三个部分说明中国人民众志成城、奋起反抗的决心。第一部分"血战台儿庄"发生在山东境内，台儿庄也因此成为红色旅游学习的圣地。学生可能早已参观学习过前辈们的英雄事迹，有了一定的知识储备。引用台儿庄战役亲历者的真实经历导入课程，在唤醒学生的爱国意识和爱国情怀的同时，也能起到教育学生向革命前辈学习不怕苦不怕累精神的作用。

（二）课堂情境的营造使用口述史料

案例1：部编版八年级上册《从九一八事变到西安事变》（片段）

1. 教学设计

播放《九一八小调》。这是"九一八"事变后流行于各地的一首民间小调。

2. 教学实施过程

教师：1931年9月18日夜，驻扎在中国东北的日本关东军经过精心的策划，炸毁沈阳北郊附近的一段铁路，反诬是中国军队破坏。日军以此为借口，炮击中国东北军驻地北大营，攻占沈阳城，发动了震惊中外的"九一八"事变。下面我们来听一首音乐作品《九一八小调》。听完这首小调，请同学们结合课本内容思考：这首小调控诉了日本侵略者和国民党政府什么样的行为？

学生：日本侵略者以无耻的手段侵占了东北三省，给当地人民带来了巨大的灾难。在这水深火热的情形下，以蒋介石为代表的国民党政府却采取了不抵抗的政策。

教师：同学们总结得相当到位。尽管国民党政府采取不抵抗的政策，但不屈的东北人民和未撤走的东北军纷纷组织抗日义勇军。"九一八"事变也标志着中国局部抗战的开始。

3. 设计意图

同神话传说一样，以口头传播的形式代代相传的民谣，也属于口述史料的范畴。民谣虽小，却可以让人从中窥见世道人心，反映一时的社会趋向。从笔者以往的教学实践经验来看，纯文本的教学内容很难营造出生动的课堂情境。在课堂中运用音频式的口述史料，可以起到烘托课堂气氛的作用。

案例2：部编版八年级下册《中华人民共和国成立》（片段）

1. 教学设计

本课包含"中国人民政治协商会议""开国大典""西藏和平解放"三个部分。准备在学习"开国大典"时，请学生阅读毛泽东同志在中国人民政治协商会议第一届全体会议上的讲话（片段）。

2. 教学实施过程

教师：《中华人民共和国成立》是我们都非常期待学习的本学期的第一节课。请同学配合 PPT 的内容阅读课本第 4 页。

教师展示以下资料：

诸位代表先生们，我们有一个共同的感觉，这就是我们的工作将写在人类的历史上，它将表明：占人类总数四分之一的中国人从此站立起来了……我们的民族将从此列入爱好和平自由的世界各民族的大家庭，以勇敢而勤奋的姿态工作着，创造自己的文明和幸福，同时也促进世界的和平和自由。我们的民族将再也不是一个被人侮辱的民族了，我们已经站起来了。

——毛泽东同志在中国人民政治协商会议第一届全体会议上的讲话

教师补充：新中国的成立是一件多么振奋人心的事情，它标志着近代以来中国屈辱历史的结束，美好生活在向我们招手。

3. 设计意图

引用毛泽东同志这一段昂扬的会议讲话营造了激动人心的情景，以激发学生的爱国情怀，告诉学生：近代以来我们国家遭遇的屈辱已结束，属于我们的新时代已经来临！

（三）课堂举例运用口述史料

案例 1：部编版八年级上册《从九一八事变到西安事变》（片段）

1. 教学设计

学生在学习"九一八"事变时，将学习蒋介石政府采取的不抵抗方针，但学生对当时具体的情况并不了解，引用当时关东军的口述资料举例说明。

2. 教学实施过程

教师："九一八"事变发生后，国民党政府有没有对日本侵略军宣战？

学生：（义愤填膺）没有。

教师用多媒体展示历史资料。资料如下：

我们人比日本人多几十倍，但长官就是不让打。为了逃命，最后我们还是开枪了……我们都操起了步枪，准备战斗。这时候又来了命令，叫我们撤回来。大家都不明白，有的人哭了，有的人骂起来，有的甚至当面质问起了长官："日本人要我们的命，我们为什么不能还击？！"……我们急着等命令，谁知道等来的却是"不准轻举妄动，不得还击，原地待命，最好仍然躺在床上不动，枪库不要打开"的命令……我们眼睁睁地看着，火光下，西营房前人影攒动，枪声不断……我们在焦急地等待。撤出来的弟兄们说："日本兵闯入营房，见人就杀，有的人躺在床上不动，竟被日军活活刺杀在床上。有的人虽然拿着枪，但不敢擅自还击，被日本兵追着开枪杀死。"

——摘自《东北军老兵讲述"九一八"事变》

教师：在那么危急的情况下，这位东北军说当时他们都不抵抗，这是为什么呢？

学生：因为蒋介石采取不抵抗的方针。

教师展示以下资料：

沈阳日军行动，可作为地方事件，望力避冲突，以免事态扩大。一切对日交涉，听候中央处理。

——蒋介石致张学良密电

3.设计意图

举例说明"九一八"事变时国民党政府的不抵抗方针，以亲历者的口述资料突破教材难点，降低学生理解的难度，帮助学生消化吸收知识。

案例2：部编版八年级上册《中国工农红军长征》（片段）

1.教学设计

本课共包含"战略转移与遵义会议""过雪山草地""红军胜利会师陕甘"三部分。在"过雪山草地"这一内容的学习中穿插一位亲历长征的红军的口述资料，可以让学生深刻认识到红军长征的艰难。

2.教学实施过程

教师：遵义会议后，红军不畏艰险，挥师北上，开始了二万五千里的长征。同学们可能很难想象红军长征的艰难，现在请大家看一位长征亲历者的遭遇（教师展示资料）。

草地那个苦啊，只有我才晓得。穿的草鞋一天就走穿了，有人掉进烂泥坑里救不上来，其他人就从他沉没的地方走过。最苦的是饥饿……有一次，母亲饿晕过去了，有个叔叔拿来一把豌豆面，我把豌豆面喂到母亲嘴里，过了一阵，母亲才苏醒过来。弟弟并不知道全家为什么要来这个除了烂泥和草水啥都没有的地方，我却知道我们不长征的话，全家肯定被杀光了。

——摘自《为了那段难忘的红色记忆——听巴中老红军讲述长征故事》

教师：尽管长征途中困难重重，但是红军三大主力最终在1936年10月胜利会师，宣告着中国共产党的又一次胜利！

3.设计意图

张学良少帅曾表示过红军长征带给他巨大的震撼，他认为红军之所以能够成功，是因为他们拥有共同的主义、思想、信仰。在教学中，历史教师不能忽略红军在长征路上遇到的重重困难及其精神品质。亲历者的遭遇更能凸显红军那钢铁般的意志以及团结一心的精神，他们书写了传遍国内外、令世人钦佩的传奇故事。同时，这也能让学生明白今天幸福生活的来之不易，并珍惜现在，创造未来。

二、口述史料应用于活动课程的具体案例

在该环节，笔者主要以"人们生活方式的变化"这一课程为例，借助该课程聊一聊福州的变化。

（一）活动目标

通过本课的学习，学生将能实现：

（1）学生家长口述福州的变化，展现改革开放后，福州在党的领导下，人们生活方式和城市建设发生的变化，以凸显社会生活的五彩缤纷。

（2）学会运用历史比较法，对历史见证人所说的福州饮食、旅游、城市建设、文化等方面的发展程度做出横向和纵向的对比，并能提出自己对城市发展的建议，树立荣誉感和责任感，从而更加热爱这片热土。

（3）突出地方特色，选取贴近学生生活的资料，结合学生身边的历史资源，使学生获得直接经验。同时，通过老一辈人的口述资料，提升学生对口述资料的了解和认识，拓宽学生的视野，促进学生历史观的养成。

（二）活动准备

（1）历史教师准备有关福州城市的视频和资料，以供学生观看和查阅。

（2）历史教师与学生共同探讨，提出整体设计方案，并给予指导意见和建议。最后决定对主题进行模块学习，将其分成"食""行""游"三个模块。

（3）将计划布置给学生，由学生根据自己的兴趣偏好，选择课题进行研究，组成小组，并推选出一位组长负责全组事宜。

（4）历史教师、学生共同参与学生家长的选取事宜，统筹兼顾家长的时间、经历等，最好选取在不同地区居住的家长，以更全面地叙述福州整体的变化，展示福州生活的五彩缤纷。

（5）各组成员围绕主题收集有关福州变化的图片，配合家长的体验，学生

能更为直观地看到这座城市的变化。小组成员分工合作、密切配合，历史教师宏观把控小组成员及其活动。

（三）活动课程

历史教师用PPT展示本课课题"人们生活方式的变化——聊一聊福州的变化"。

1. 教师导入

首先非常感谢家长们在百忙之中抽空参加活动，本次活动的顺利开展离不开你们的支持。说起活动的主题"人们生活方式的变化——聊一聊福州的变化"，相信在座的每一位，无论是各位家长，还是同学们都不陌生，当然各位家长会更有感触。城市变化的一点一滴我们都能看到，并享受着变化给我们带来的便利。今天我们将结合家长代表的经历和认识，来看福州的变化。

2. 小组内部交流

全班共分为9个小组，小组成员按内部分工，围绕所选主题查阅资料汇报研究情况，务必使每一位同学都能完成任务，并选取一人做模块总结。

3. 以组为单位汇报研究成果

多媒体播放《福州城市形象宣传片》，打造视觉盛宴，营造课堂氛围。表3-1为学生研究成果具体汇报情况。

表3-1　学生汇报研究成果

模块	学生活动（PPT配合展示）	家长活动	历史教师活动
第一模块—食	小组在家长讲述过程中，分别展示图片，以便介绍福州城市的变化。学生总结：改革开放看似离我们十分遥远，但它极大地改善了我们的物质生活。从计划经济到市场经济，制度的变化推动了经济的发展。	家长A（福州市居民，38岁）：总体来说，我们的条件越来越好了。吃饭早已不是问题，问题是怎样吃好，怎样吃精。虽然从我记事起，最基本的物质需求已得到了保障，但也远非现在这样富足。	历史教师是家长与学生交流对话的桥梁。历史教师要引导模块下各个环节的衔接，使整个互动顺畅自然，形成"家长讲述学生结合、出示资料发表感悟"的活动形式。历史教师穿插讲解改革开放后，政府为推行市场经济所实施的政策，以及这些政策产生的影响。

续 表

模块	学生活动（PPT 配合展示）	家长活动	历史教师活动
第二模块—行	学生总结：俗话说"要想富，先修路"。改革开放后，在党的领导下，福州城市建设的发展是有目共睹的，交通设施也在不断地普及和完善。	家长 A：2010 年，福州南站投入使用，它极大推动了城市交通的发展。它给福州城市建设提供了良好的机遇，迅速提升了福州的知名度和城市品位，也方便了我们的长途旅行。 家长 B：让我感触最深的是政府推行的"城乡公交一元化"的惠民政策。虽然现在家里几乎都有车，再也不是老一辈人回忆的改革开放前，家里有辆自行车就很了不起的时代了。但现在都宣传节能减排，有如此便捷、花费又少的交通工具，又何愁出行难呢？ 家长 C：是啊，福州运营的城际公交，使"想走就走"成为可能。这也加强了城市间的交流，促进了城市经济的发展。	历史教师以"从交通变化看福州发展"为主题，衔接各环节，并用图片展示福州交通变化。
第三模块—游	小组代表总结：旅游一直是我们福州经济发展的主力军。改革开放以来，在各大景区的带动下，福州其他乡镇也不甘示弱，纷纷发展旅游业，将一个个名不见经传的小地方发展为旅游品牌，并不断致力于提升品牌价值。我们从家长的讲述中看到了各方的努力，相信在大家的共同努力下，福州的明天会更美好。	家长 A：鼓山自然风景优美，山上名胜古迹众多，福州人还评出鼓山十八景，可见福州人对鼓山的喜爱。周末带上妻儿老小，或与三五好友一起，来这儿爬爬山，既锻炼了身体，又陶冶了情操。改革开放后，我们那里的变化十分大，欢迎大家去鼓山观光旅游。 家长 B：这可是福州著名的旅游景点，我们那里有一条仿古街，街边是卖特色产品的店铺，店铺主要以小吃为主。在前往三坊七巷的路上，还可以偶遇林觉民烈士故居，到此瞻仰一番，或许能有不错的收获，大家来三坊七巷的时候，一定要来这儿看看。	历史教师安排各环节的对接，同时把福州的主要旅游景点所涉及的历史讲述出来，让学生在欣赏美景的同时了解福州、热爱福州。

4.教师总结

今天我们邀请家长和我们一起聊了聊福州的变化，我们看到了改革开放后，无论是乡镇还是城市，福州较之以前都发生了翻天覆地的变化，社会生活更是五彩缤纷。身为一名福州人，我感到无比的骄傲和自豪，相信在座的每一位都和我有着一样的感受。但我们也要想到，怎样使我们的福州发展得更好？为了更好的福州，我们需要做些什么？希望大家，包括我都要好好地思考一下这些问题。再次感谢各位家长的到来，你们给我们上了精彩的一课。

（1）活动评价。采取学生互评、教师评价等多重评价的方式。要求学生从自身出发写一篇关于福州变化的小论文。

（2）活动反思。教室是一个小课堂，而社会是一个大课堂，历史教育必须与社会现实结合，历史活动课教学必须充分利用社会资源。学生在课堂上学习时很难与社会发生实际接触，所以将学生家长这个有着丰富的社会经验、感受着社会变化的群体邀请到课堂中，充当学生与社会沟通的桥梁。同时，以家长口述的福州变化来展示改革开放后社会生活的五彩缤纷，可以加强学生的文化体验和历史感受性，更能使学生在无形中感受到改革开放后人民物质生活的改善以及精神生活质量的提高。

活动采取了"家长讲述—提供口述资料—学生出示实物资料—学生结合资料得出感悟"的形式。从整套模式来看，弱化了历史教师的主导地位，增强了学生学习的主体性和自主性，增添了新的课堂元素——家长，形成了教育合力。此次活动灵活地运用了身边的资源，增添了课堂教学的资源，丰富了课堂教学的模式，再次拉近了学生与家长、学生与历史的距离。对于这次活动参与的主体来说，这是一场不可多得的文化体验。

改革开放以来，社会发展有了质的飞跃，福州也得到极大的发展。初中生由于年龄的局限，并未能切身感受到城市的变化。通过倾听学生家长讲述的关于城市变化的一点一滴，学生意识到我们现在居住的城市原来并非那么完美，它也在不断地变化发展着，这可让学生进一步思考自己能为城市的继续发展做些什么。

第四节　口述史料应用的原则和策略

一、口述史料应用于初中历史教学所遵循的原则

（一）注重口述史料的科学性与典型性

口述史料在有其价值的同时还带有局限性。因此，在初中历史教学中引用口述史料时，要注意口述史料的科学性与典型性。

1. 科学性

口述史料收集的历史事件的当事人因某些因素的限制，其所呈现的史料并非百分之百的正确。解决对策之一就是以文献资料验证口述史料的真实性。即使口述历史属于无证孤史，研究者也应深度挖掘可用资料对口述与文字这两种不同的历史证据进行印证，如果二者在内容方面互相矛盾，研究者则需要对此进行更深入的挖掘，找出相关证据，印证哪一证据更加正确。历史教师在选取口述史料时，一要看史料与历史事件的吻合程度，即先要与相关的文献资料进行比较验证；二要看口述史料与历史教科书的匹配度；三要考虑口述史料与初中生认知、心智的契合度，即口述资料的选取不要脱离初中生的实际，要让学生看懂、听懂。只有这样才能真正确保口述史料的科学性。

2. 典型性

近年来，随着口述历史的兴起，口述资料层出不穷但质量大多参差不齐。因此，在注意口述史料的科学性的同时要注重其典型性。历史课堂时间有限，要让学生在 45 分钟内有效地吸收历史知识，史料的选取也要有针对性和典型性。口述资料的大量涌现，使同一课题可能存在多个版本，这就需要历史教师凭借自己出色的专业素养，选取最为合适的资料。同时，我们也要明确不是所有的历史专题都能采用口述资料，有的专题年代较为久远、文献记载缺失以及当时对口述资料的忽视，造成了口述资料的不可考。例如，在世界历史的学习中，因为地域的限制以及材料收集渠道的狭窄，这一部分知识的学习也不尽用口述史料。

（二）重视对口述史料管理与运用的数字化

作为一个实践性和操作性很强的研究领域，口述史学的兴起与发展直接得

益于现代技术的发展。美国现代口述史学代表人物艾伦·内文斯就曾直言："口述史学诞生于现代发明与技术。"①不可否认，现代技术为口述史学的发展提供了条件，促进了口述史学的数字化转型。基于此，笔者认为要充分利用现代技术提供的便利条件，重视对口述史料的数字化管理、运用，主要体现在对口述史料的数字化记录、管理和传播等方面。

数字化记录使人人都有可能成为自己的历史学家。现有的口述史料固然重要，但也要不断地收集口述史料，丰富口述史料资源。每个人都可当收集者，初中生相对来说课业较为轻松，有时间和精力进行口述史料的收集，同时教科书也在活动课的编写中倡导学生亲自收集采访。历史教师应在培训学生使用现代设备的基础上，指导学生在历史活动课上按照具体步骤去收集口述史料，实现"人人都是他自己的历史学家"的目标，促进学生全面发展。

数字化管理可以将口述史料具备的应用价值充分发挥出来。一直以来，口述历史采用了以人工处理为主的传统管理模式，这使口述历史计划在实施时要面临大部分物力、人力、财力不足等困难，并且，使用者不同使得形态多元化的口述历史资源难以得到充分利用。而数字化管理模式使口述历史的传统管理模式得到了大大的改善，使口述历史资料的使用率与访问率得以提高，进而使口述史料所拥有的应用价值充分发挥出来。数字化管理模式的应用，也为口述史料的普及、查询和核实提供了便利，极大地丰富了口述史料教学资源，提高了获取资料的效率，为口述史料教学的开展储备了资源。②

口述历史的影响力也在数字化传播的带动下得到了极大的提升。数字化以极快、极便利的优势，使得更多领域的人们提高对口述史料的关注度，大大提升了口述历史的影响力。

（三）加强口述历史资料查询的平台化

通过网络将载有口述史料的音频、文字与视频素材上传到网站，供人免费下载和阅读，可以实现口述历史计划的实施。这不仅有助于学生获取更全面、丰富的课外口述历史知识，还有助于师生深入研究口述历史。为提高初中生历史学习的效率，笔者建议建立专门的口述历史教学资料的查询平台，以便学生在课下也有查询口述历史资料的渠道。口述历史教学资料查询平台不仅要有口

---

① 杨祥银.数字化革命与美国口述史学 [J].社会科学战线,2016(3): 106-120.
② 张心悦，彭燕，李宁路.乡村振兴战略下土家族口述史料的开发与利用研究 [J].内蒙古科技与经济,2021(13): 129-131.

述历史资料资源，还应向学生提供口述历史的研究方法，同时可以设立专业人士咨询平台和学生的交流平台，以便学生及时获取口述历史最新的研究，拓展学生的视野。

二、口述史料优化课堂教学的应用策略

（一）"以小见大"，挖掘历史细节

口述史料关注的对象范围在下层民众与上层精英的基础上不断扩大，使得口述史料的内容得到了进一步扩充，大量普通人视角的故事被纳入其中。正是这种颠覆传统、自下而上的研究视角，打开了历史教学的新思路。同时，普通人相较于同一时代的政要人物，其历史经历通常更为平实，他们拥有的对历史的记忆、个人经历、个人认识、生产生活等都是历史的一部分，很多重要的历史细节往往隐藏在他们的经历中，也是重要的历史教学素材。

为了实现口述史料以历史细节补充历史和以小人物反映大历史这两项功能，历史教师可将以下两种途径作为切入点。

1. 以教学节点为切入点，运用"以小见大"的视角，拓展历史细节

教学节点通常由具体的教学实施过程、新课导入环节、拓展训练环节以及总结提升环节构成。可选用不同的口述史料为其对应的环节补充历史细节。以教学节点为纵向的界限，横向则要求历史教师对教学内容开展分析研究，有针对性地将不同的口述史料融入不同的环节中，对教学细节做出对应的补充。例如，可将历史细节作为导入环节的切入点，调动学生的兴趣，而到了拓展提升环节，可用更详细、更丰富的史料信息解释历史，而总结环节则不需要太多的细节。因此，历史教师应对口述史料细节进行有针对性的选择应用，以推动各个教学环节顺利进行。

2. 以具体的目标为指导，灵活选用口述史料，突出历史细节的效能

在开展教学活动时对细节的充分利用，并不代表对口述史料的随意使用甚至滥用，运用历史细节应是一种带有目的性的教学手段，促使典型历史细节在有限的教学时长中充分发挥其教学效应。所以，历史教师应在教学目标的有效指导下实现历史细节的渗透，即口述史料的正确选用。具体而言，应从以下几个方面发挥历史细节的功能：第一，渲染与还原历史场景；第二，调动学生兴趣；第三，渗透情感教育；第四，将历史人物的活动呈现出来，促使学生对历史人物有正确的认识；第五，研究历史细节，对问题进行分析探究，提高学生

的历史思维能力。

　　历史教师在进行教学实践活动时，总要面对两大难题：一是虽然历史教科书是承载历史知识的重要载体，但由于篇幅有限，往往只能对历史事物做出简单的叙述；二是鉴于学生文化水平、年龄、时代背景、知识、阅历等的局限，在运用史料时，无法使学生深入相应的传统历史情境中，导致学生很难真正理解历史，对历史曲解、臆测的问题始终得不到解决。以小见大的教学视角非常重视教学中的历史细节，并认为其是有助于学生理解历史的关键，通过了解历史细节，学生可以对历史叙述有更生动、具象的了解，从而更深入地理解历史，使历史细节具有的功能通过应用口述史料充分发挥出来。

　　（二）转换口述群体，还原历史的多个侧面

　　站在整个史料体系的角度看，利用当事人提供的口述完成对已有史料的补充，拓展出新的历史叙事方式，为历史教学带来更多有效的启发就是口述史料最大的存在意义。口述史料力求新的叙事视角，要求不断补充丰富已有史料，将历史的各个面貌逐渐还原。例如，在近现代时期，中国在清政府长期落后的统治下，发生的如战争、革命活动等重大历史事件都有相关的官方记录，在中华人民共和国成立后，很多史学家耗费大把精力，利用口述历史对形成于中国近现代时期的各种新史料进行了挖掘，围绕着高校这一主体，多次开展了各种实地调查，并收集了多个历史事件如义和团运动、太平天国运动以及辛亥革命等的口述资料，有力地印证和补充了官方文献记载。例如，1961 年，华中师范大学历史系实地走访了一个学会，深入细致地挖掘了辛亥革命这一事件的相关史料，对官方记载进行了有意义的史料补充。

　　从口述史料本身的角度来看，它为初中历史教学的优化提供了很多实质性的帮助和资源。通常情况下，口述史研究具有这样的特点：在研究某个历史事件时，对不同群体的故事进行挖掘，倾听他们的声音，站在多个维度对历史真相进行还原。例如，对于老舍之死，傅光明向多位口述者进行了求证，并取得了显著成果。以这种方式研究口述史的最大意义即从多个角度对历史真相做出还原，借助口述史料补充已有的资料文献，在各种干扰与矛盾中不断接近历史真相，将研究历史的"罗生门"现象打破。历史叙事受口述史料的补充不断丰富起来，从对历史的现实研究方面来看，重要的历史人物仍作为传统历史的叙事主体，这也是众多教学视角的关注焦点。一些亲历历史的小人物及底层人民并不会在历史课堂与史料中常常出现，但他们讲述的口述史是更加多维度、多方位的对真实历史的补充。口述史客观、平等地面对所有亲历历史的人，以调查采访的形式将其亲历回忆收集起来，对相关历史进行补充，使读者可以从多种角度看到更加丰富、真实的历史。口述史对劳动者、华侨、妇女、文艺工作者等常常被忽视的群体也一视同仁，收集他们的经历，来补充历史。

历史教师在进行教学时，可从以下两个角度对口述群体的视角进行切换，为学生提供认识、理解历史的更多的视角。

第一，除重要历史人物的普通人视角。以斯大林模式为例，不仅可以站在当政者的角度对斯大林模式取得的成就进行分析，还可以立足于底层人物的视角，通过其经历对斯大林模式对民众的各种影响有所了解，对斯大林模式具有的弊端有多维度的了解，帮助学生更加全面地认识斯大林模式。

第二，更多不同社群提供的口述史料视角。鉴于妇女群体常常游走于史学界的边缘，可将其作为教学切入点。当教学内容为中国社会在 1960 年前后的状况时，历史教师可以引用一些农村妇女的口述资料，通过观察其日常生活延伸到社会状况，以小见大，同时，将不同的社会群体引入历史课堂中，也会激发学生的学习兴趣。但很多时候，历史教师往往会对新视角过于关注，导致其忽略了传统历史叙述群体具备的话语权。例如，历史教师站在普通人的视角上对斯大林模式的观察持续了整个教学过程，普通人群体始终在行使着话语权，但随着新研究视角的引入，传统视角逐渐被忽略，导致历史真相未能完全得以还原。

（三）以学科交叉的口述史料成果补充教学

与传统的历史研究方式相比，口述史的研究对象、方法及视角都有了一定的改变和拓展，其综合作用赋予了口述史跨学科性的重要特征。口述史不仅要对历史真相进行挖掘，还要对历史进行解释，因此，口述史的研究视角不断向更多的学科领域拓展。作为一种有效的研究方法，口述史也被应用于民俗学、社会学、教育学以及文学等更多的学科领域中，其研究成果不断增加。历史教育理念持续发展更新，随之而来的是初中历史教学内容的进一步拓展，而具备丰富性、多样性特点的口述史料也随之成为重要的初中历史教学资源。另外，产生于学科交叉融合的口述史料，对学生进一步认识历史、从其他角度了解历史、对历史有更深入的理解和认识也具有重要作用。

这要求历史教师要对口述史的研究动态保持积极关注，有意识地了解前沿口述史学，并做好知识积累工作，在充分结合学科交叉所得的口述史料成果的同时提高其科学性。

　　首先，研究教学内容，寻找和发掘其他学科与历史学科具有的联系。例如，对社会生活与经济史进行联合分析，了解其中的历史，进而建立起经济史与饮食、服饰等研究领域以及与其他学科如建筑史、社会史等之间的有机联系，通过切换不同视角对历史知识进行补充，激发学生的兴趣。

　　其次，应在历史教学中适当纳入学科交叉成果。一方面，要保持引入数量适当，使其能将相应的教学功能发挥出来，切勿本末倒置，扭曲历史教学的初衷。另一方面，应对学生的接受能力做出考量，不可选择没有思考空间、过于浅显的口述史料成果，减弱学生的探究兴趣，也不可选择具有太强争议性的成果，转移学生的注意力，还可能会降低教学效率。

　　例如，中央美术学院启动的口述项目，在 2013 年完成了《百年美院·口述历史》纪录片。这部纪录片记录了 1918—2018 年中央美术学院的发展历史，其中还隐藏着整个中国近代历史的发展轨迹。第一集介绍了中央美术学院组建党组织、参与救亡图存的历史，这是美术学科和教育领域与口述历史的交叉研究的成果，以此作为切入视角，既新颖，也能够达到教学目标。

　　类似的口述史成果还有许多，如《口述历史下的老舍之死》是文学领域与口述历史的交叉研究成果，《老舍之死采访录》《太平湖的记忆——老舍之死》等文章也在论证老舍之死的原因。可见老舍之死是文学领域的一大争议性事件，对此，历史教师可以将相关口述史料和观点结合起来，设定一个探究主题，主要用于锻炼学生辨析口述史料的能力，在探究活动中培养学生的思维能力。

第四章　影像史料的应用

第一节　何谓影像史料

一、影像史料的内涵

（一）影像史料的提出

将影像资料当成史料加以研究比影像史学的诞生要早得多。研究者们界定了影像史学的研究范围，并据此开展了一系列的争论与探讨，这为影像史料的提出打下了基础。

1898 年的巴黎，身为华沙电影放映员的马绍斯基（Mashowski）出版发行了一本小册子，名叫《历史的新资料》。在此书中，他提出影像资料也具有历史研究的价值，与其他的资料无异。

马克·费罗（Marc Ferro）是法国年鉴学派的历史学家，他在 1979 年第一次提出把电影当成史料进行历史的研究，并表示，"在消费社会背景下，影像已经成为史料"①。

1988 年，海登·怀特（Hayden White）发表了名为《书写史学与影视史学》的文章，文中首次出现了"historiophoty"一词，海登·怀特把它定义成"The representation of history and our thought about it in visual images and filmic discourse"，意思是"视觉影像"与"电影语言"。因此我们可以知道，海登·怀特提出的"historiophoty"更加倾向于动态影像，与"书写史学"相对。

20 世纪 90 年代，周梁楷教授将"historiophoty"一词引入国内的史学界，

---

① 肖同庆.影像史记 [M].广州：南方日报出版社，2005：153.

并把它翻译成"影视史学",影像史学研究领域的争论从此正式拉开帷幕。

周梁楷教授提出,"historiophoty"的含义应该是通过静态或动态的图像和符号,传递出人们对于过去事实的认知①;江苏师范大学的蒋保教授在其文章《关于"影视史学"的若干问题——与周梁楷先生商榷》中则提出,由于"影视史学"不能广泛涵盖其他视听媒体,故而应将"historiophoty"译为"视听史学";上海复旦大学的张广智教授在《影视史学:历史学的新生代》一文中则对"影视史学"这一概念进行了广义和狭义的定义,认为广义的"影视史学"应包括"一切视觉影像材料,倘能传达某种历史理念,从宽泛的意义上讲,当是影视史学的题中之义";山东大学的王镇富则提出影像史学研究的范围"主要是以近代有摄影、影视以来的历史事件为记录对象的历史影像及其素材,包括纪录片、新闻片、专题片、纪实摄影、新闻摄影等"②;北京师范大学历史影像研究中心副主任吴琼发表了《从影像史料到影像史学》一文,该文在纵向的时间跨度上和横向的内容范围上对影像资料的内涵进行阐述"在时间跨度上,应该包括从洞穴壁画出现的史前时期,到当下的影像视觉传播时代。在内容层次上,应该包括政治、经济、文化、社会等人类社会各个层面……"

影像史料是在影像史学理论的不断酝酿和争论中被正式提出来的,而且,它还作为新的史料形式,慢慢有了与传统的文本史料同样的研究地位,如北京师范大学吴琼所言:"人类进入20世纪后,历史文献的传播媒介已经不仅限于文字、书面的记载方式,影像成为重要的史料来源。"③

(二)影像史料的内涵

影像史料一词被正式提出以后,得到了广泛的认可与使用,然而,影像史料的内涵并没有被明确地界定,很多研究者都从多个角度对其内涵进行了论述。

陕西师范大学的卢柳杉认为,"其史料范围也进一步扩大,无论是动态的影片,还是静态的图像和电影、照片、绘画、雕塑、建筑等一切具有美学享受

---

① 卢柳杉,徐锦博.影像史学与中国教育史研究:以教育影像史料为中心的考察[J].教育与教学研究,2019,33(1):101-111.

② 王镇富.影像史学研究[D].济南:山东大学,2011.

③ 吴琼.从影像史料到影像史学[J].史学理论与史学史学刊,2013(1):3-17.

的视觉符号，都是影像史学的研究对象"①。中国国家博物馆的林硕认为，"影像史学的研究对象涵盖画作、照片、录影、纪录片以及电影等多种形式，无论是图片、画作等静态图像或是纪录片等动态影像，都是影像史学的组成部分，是史料的新载体"②。

我们可以从以上研究者的研究中发现，影像史学的研究对象是有共同点的：在形态上，包含动态影像资料和静态影像资料；在形式上，照片、影视剧、纪录片等资料都包含在内。

以现存的研究结果为基础，鉴于教学的实际需求，笔者认为，影像史料特指具有历史研究的价值、符合历史课程教学的需求、能够促进学生核心素质提升的静态、动态影像资料，它可以是第一手的也可以是第二手的史料，在形式上，历史图片和地图、影视剧、纪录片都包含在内又不局限于此。

二、影像史料的特征

如今，科学技术在不断进步，很多多媒体的教学设备都得到了普及，影像史料作为一种历史教学媒介，其内容十分丰富，在初中的历史课教学中的作用也日益凸显出来。相较于传统的文字史料，影像史料更加直观且生动，学习起来非常方便，并且它还能激发学生的学习兴趣。对于影像史料的应用，课程标准也有所重视，希望学生通过影像史料使自己的历史阅读与观察能力都有所提高，能够在脑海中勾勒出符合史实的历史场景。

（一）直观性

前文中提到，影像史料虽然有多种载体，但它们都有一个共同之处，那就是直观性。影像史料犹如一面镜子，把图片和影像中记录的人物、事件等内容直观地展现在学生面前，便于学生学习、理解一些历史人物和事件，并且这份影像史料可以和其他史料（如文字史料）一起使用，再结合历史教师的讲解，能够大大提升学生的时空观念素养。

（二）多维生动性

影像史料具有多维生动性。影像史料承载的形象和历史都是鲜活的，学生在学习时会有一种身临其境的感觉，这对于培养学生的历史核心素养是十分有

---

① 卢柳杉，徐锦博.影像史学与中国教育史研究：以教育影像史料为中心的考察 [J].教育与教学研究，2019，33(1)：101-111.
② 林硕.论影像史学引发的史料学革新 [J].学术探索，2016(12)：108-114.

利的。

　　例如，历史教师播放 1949 年天安门广场的开国大典的影像史料，学生在观看该视频时仿佛就在开国大典的现场。相较于直观性来说，其不同点是学生在观看的时候既可以直接看到当时的盛况，又可以从时间、空间等多个维度去观察，从而被影像中的演讲和现场的气氛感染，学生不仅可以形成时空观念，还能产生强烈的家国情怀。

（三）取用便捷性

　　影像史料具有取用便捷性。如今是信息化时代，全国中小学都在普及数字化教学。在历史课程的电子化教学中，影像史料是不可或缺的重要组成部分，历史教师不管是在备课时，还是在授课中使用时，都能感受到它无可比拟的便捷性。历史教师在备课时，可以在网上搜索与本节课相关的内容，也可以通过网络查找相关的图片、影视资料等；历史教师给不同的班级上课时，可以利用移动存储设备对教学资料进行拷贝、修改等操作。除此之外，通过手机软件也可以在网上查看影像资料，在智能设备普及的当下，影像史料的获取方式更加便捷高效。

（四）真实性

　　影像史料具有真实性。史料在历史教学中有一个重要功能，就是使历史具有更强的真实感。影像史料属于史料的一部分，因此也具有史料的基本特点，那就是真实性。当然，就像人不能两次踏进同一条河一样，历史也没有办法完全复原。然而，影像史料却可以使人看到真实历史的一小部分，并且其真实性还可以鉴别影视资源是否可以作为影像史料。在张广智先生看来，评判一部历史片的真实性和虚假性，就是看它在特定时空的表现是否符合特定的社会形势，如果能正确传达社会形势，并且被观众认可，那它就具有真实性。这样的真实感也是历史的真实感。在揭示和认识世界的本质和真实性上，影视史学在艺术上追求的真实性和书写史学追求的历史真实性是一致的。所以，除了实拍的一些影像外，像电影传记、历史纪录片这样的不是第一手实拍的影像资料，如果它有历史的真实感，并且描述的历史事件与当时的时代背景是相符的，那么它也是有真实性的，也属于影像史料，如《大国崛起》《建国大业》等这类优秀影视作品就可以被称为影像史料，否则只能被称为影视作品。

三、影像史料的分类

以影像史料的不同表现形式为依据，结合前人研究所提出的各种观点，笔者尝试着以影像史料的记录状态、真实程度和记录的主体作为标准，对影像史料加以分类。

（一）按影像史料的记录状态分类

根据影像史料记录状态的不同，可以将影像史料分成动态和静态的影像史料。

动态影像史料指利用现代的记录影像的设备，通过摄影的方式将史料记录下来，其形式主要是录像。比如，《中国通史》是我国迄今为止最大规模的历史专题纪录片，其篇幅巨大，总共有100集，它以历朝历代兴衰的历史经验与教训、统一多民族国家的诞生和辉煌灿烂的中华文明为主线，从中国境内远古人类的起源讲到清朝覆灭，详细描述了中国的历史发展过程。这部纪录片作为影像史料，其内容十分丰富，包括三国鼎立、贞观之治、安史之乱、丝绸之路等，可以用来辅助部编版初中历史教科书的教学。从表现形式上看，动态影像史料更为生动有趣，动态的人物形象和场景更能激发学生学习历史的兴趣，不仅有利于学生对历史知识的理解和掌握，还能促使其课下主动去了解相关的历史知识。

所谓静态影像史料，就是通过摄影或者摄像技术将客观事实拍摄下来，其主要内容是文物、历史遗迹或者利用现代技术复原的地图等。比如，商后期的青铜鼎（图4-1），现藏于中国国家博物馆。此鼎以云雷纹作为边缘饰，正中间是饕餮的形象，两边以夔龙纹相呼应。鼎的内部有铭文，又铸图形。图形上部状如二人相向而食，此即"飨"字的初形；下部的图形隶定成"宁"字，这是"贮"字的初形。这尊铜鼎被安静地摆在博物馆中，无声地展现着商朝辉煌的历史和悠悠的中华文化。历史教师将此青铜鼎图片作为影像史料进行教学可以让学生更好地理解什么是"三国鼎立"。虽然静态影像史料不像动态影像史料那样生动，容易引起学生兴趣，但是它可以很直观地将古代的历史文化展现出来，作用也是十分巨大的。它能够与其他影像资料结合起来辅助历史教师的教学，也可以促进学生时空观念的形成，除此之外，还有利于培养学生的民族自豪感和家国情怀。

图 4-1　商后期青铜鼎

（二）按影像史料的真实程度分类

根据影像史料的真实程度，可以将其分成第一手影像史料与还原类影像史料。

所谓第一手影像史料，就是利用摄影或摄像设备对历史文物、人物、事件等内容直接进行拍摄，这样得到的影像史料可以比较直接地作为历史依据。这样的影像史料具有很高的历史还原度，能够使学生直观接触历史，然后进行学习和探索，能够对历史学习氛围的营造起到很大的作用，还可以提高学生学习历史的效率，使其养成良好的历史学科的核心素养。

还原类影像史料就是借助部分史实，通过电影、纪录片等非第一手实拍的方式来还原历史人物、事件等内容的影像史料。这种影像史料虽然不是第一手实拍的，但是依然客观地反映了史实，是具有真实性的。例如，在 1987 年拍摄的《末代皇帝》这部电影，就是通过个人传记的形式，对溥仪这位末代皇帝坎坷的一生进行了讲述。这是第一部征得中国政府同意在故宫拍摄的影片，也是中华人民共和国成立以后首部得到中国政府支持的关于中国历史的影片。虽然该影片拍摄的内容并不全是真正发生过的历史，但却聘请了溥仪的弟弟和完成溥仪自传的作家李文达为顾问，尽可能地还原了溥仪的一生。该影片把个人还原到了历史当中，展现了历史碾压下人性复杂的形态。虽然影片中的内容未必全部和史实相符，但是它的价值却远远超出了普通的人物传记，是时代的缩影。在初中历史教学中应用还原类影像史料，可以利用其生动的内容和形式，把学生带入历史教师精心设计的学习情境中去。①

有一点需要特别注意，历史教师在选择还原类影像史料时可能会走进误区，很可能将其和虚构的、娱乐性的影视作品混淆，后者不属于史料。历史教师如果在课上误用，就会严重误导学生；如果非要使用这类影视资料，可以将其作为反例。总之，历史教师一定要具备区分二者的能力。要如何去甄别和区分影像史料和影视作品，笔者在后文会进行详细的讲解。

（三）按影像史料记录的主体分类

根据影像史料的记录主体进行分类，可以分成人物传记类和历史事件类。所谓人物传记类影像史料，就是记录历史人物的影像，以人物为主体，研究其历史价值，或者通过人物的经历去反映当时的历史背景，从侧面展现历史的发展过程。

历史事件类影像史料，顾名思义，就是以事件为主体，利用影像手段对历史上重大事件进行记录的影像史料。比如，我国首颗原子弹的成功发射的照片，记录的是我国第一颗原子弹发射的场景，自此，中国成为全世界第五个有核武器的国家。将这样的影像史料应用到初中历史课堂的"科学文化成就"这一课中，再结合历史教师的讲解与引导，不但可以使课堂的内容更加丰富，而且可以培养学生的民族自豪感。

以上便是对影像史料的大致分类，为利于后文研究与参考，现进行表格汇总（表4-1）。

表4-1　影像史料分类

分类标准	分类类型	含义
影像史料的记录状态	动态影像史料	使用能够记录影像的现代媒体设备，通过摄影手段记录下来的史料，以录像为主
	静态影像史料	运用摄影摄像技术瞬间定格的客观实在，主要表现为文物、遗迹的照片或利用现代科技复原的地图等

① 卢柳杉，徐锦博．影像史学与中国教育史研究：以教育影像史料为中心的考察 [J]．教育与教学研究，2019, 33(1): 101-111.

分类标准	分类类型	含义
影像史料的 真实程度	第一手影像史料	用摄影摄像器材拍摄历史文物、建筑、人物或在历史事件发生时拍摄的资料，可直接作为历史依据的影像史料
	还原类影像史料	借助部分真实史料，用艺术化表现形式对历史人物、事件等进行还原的一种影像史料。具有一定演绎性，但仍以客观还原历史史实，或以讲述正确历史为主
影像史料记 录的主体	人物传记类 影像史料	通过对历史人物进行影像记录，以个人为主体研究该人物的历史价值，或以此人物的经历反映当时历史所处时代背景，从侧面探究历史发展历程
	历史事件类 影像史料	主体为事件本身而非个人，使用影像记录手段记录的一切历史中发生的重大事件的影像史料，如拍摄战争战役、抗险救灾、历史成就、社会变革等

通过表4-1，我们可以更加直观地了解分类标准和含义。虽然在不同的分类标准下产生了多种不同种类的影像史料，但是，这些影像史料并不独立存在，而是相互解释和包含的。如果根据一种分类标准进行分类，那么其他的分类类型就会成为子目：动态影像史料、静态影像史料能够根据其真实度与记录的主体进行详细的归类；还原类影像史料与第一手影像史料也能够根据真实度与记录的主体进行详细的解读；人物传记类影像史料、历史事件类影像史料也能够根据其记录的状态和真实性加以分析。

第二节　影像史料的应用调查

一、调查对象

为了探索和研究影像史料在初中阶段的历史教学中的应用状况，笔者从多个方面对影像史料应用时出现的问题进行调查，分析其原因，并就此对某市第十九中的七年级和八年级的学生进行了问卷调查。

除此之外，为了进一步了解初中历史教学中影像史料的应用情况，了解应用过程中的问题，并找寻解决方法，笔者选择了某市第十九中的 6 位初中历史教师，对其进行不记名的访谈调查。

二、调查阶段

（一）准备阶段

2021 年在校期间，笔者的开题报告通过后，便开始准备学生的调查问卷和历史教师的访谈。对于学生的调查问卷，笔者将调查的内容整理为"影像史料在初中历史教学中的应用现状调查（学生卷）"。调查问卷的内容主要从以下几个方面进行制定：班级多媒体设备的使用情况、影像史料在初中课堂中的应用情况、历史教师对影像史料的选择、学生对影像史料的接受度等。对于历史教师的访谈，笔者的思路是根据 6 位历史教师对影像史料了解的程度和使用的情况、选择影像史料的能力、应用的影像史料和所授课程的关联程度、在应用影像史料时发现的问题、对影像史料使用的时间和频率把握的程度等，对其进行真人访谈。

（二）实施阶段

在学生方面，笔者考虑到现在九年级的学生正处在备考的复习阶段，因此，只对初中的七年级和八年级的学生发放调查问卷，共发放了 240 份问卷，在第十九中李教师的帮助下全部收回，回收率 100%。通过李教师的监督，学生都按照要求完整地填写了调查问卷，没有出现漏题等情况。所以，下面得到的数据是按照答题的真实情况统计出来的。

在历史教师方面，在 2021 年冬，已顺利完成了对教师的真人访谈。2021 年上学期，通过到各个班级去观察历史课程，并记录问题，在得到历史教师允许的情况下，分别对 6 位历史教师进行了访谈提问。

（三）分析及总结阶段

2021 年 12 月，对从学生的调查问卷和历史教师访谈的问答中获取的信息进行整理汇总，发现访谈结果中的问题，并进行思考。

根据调查的结果进行数据分析，发现在初中的历史课中，教师在课堂上使用影像史料时还存在一些问题。比如，影像史料的针对性不高；学生在观看影视史料时，注意力无法集中；一些历史教师和学生无法对影像史料和普通的影视作品进行区分；等等。接下来，笔者对调查问卷五方面的内容，即历史教师对影像史料的重视程度、历史教师对影像史料的理解及使用、课堂中影像史料的使用时长与数量、学生对影像史料的接受程度、学生学习兴趣培养以及注意力调查，从多个角度加以分析。

三、调查结果分析与发现的问题

（一）历史教师对影像史料重视程度不够

历史教师对影像史料的重视程度具体如表 4-2 所示。

表 4-2　历史教师对影像史料的重视程度

题目	选项	学生人数 / 个	比例 / %
1. 你的班级是否有投影仪、电脑等多媒体教学工具	A. 没有	0	0
	B. 不确定	0	0
	C. 有，但设备损坏需借用	34	14
	D. 有	206	86
2. 平日历史教师在课堂中多久才会使用"投影""幻灯片""视频或图片"上课	A. 从不使用	0	0
	B. 偶尔使用	162	68
	C. 不确定	6	2
	D. 经常使用	70	29
	E. 始终使用	2	1
3. 你的历史教师在课堂中是否使用古文文献或历史影像	A. 从不使用	0	0
	B. 偶尔使用	16	7
	C. 不确定	2	1
	D. 经常使用	179	74
	E. 始终使用	43	18
4. 你的历史教师是否使用过历史图片、历史纪录片、电影等进行课堂教学	A. 从不使用	2	1
	B. 偶尔使用	154	64
	C. 不确定	21	9
	D. 经常使用	35	14
	E. 始终使用	28	12

由表 4-2 可以看出：

被问到"你的班级是否有投影仪、电脑等多媒体教学工具"时，在四个选项里，大约 86% 的学生选择了"有"，大约 14% 的学生选择"有，但设备损坏需借用"，而"不确定"和"没有"这两个选项没有人选择。由此可见，该校七年级和八年级各班都配有多媒体设备，具备在教学中使用影像史料的条件，个别的班级虽然也具备了这个条件，但是由于设备存在问题需要维修，因此只能借助其他班级的设备。通过观察笔者发现，虽然有的班级投影仪存在问题，但是，历史教师会带领学生去专用的多媒体教室上课，从而在教学中顺利应用影像史料。

被问到"平日历史教师在课堂中多久才会使用'投影''幻灯片''视频或图片'上课"时，大约 68% 的学生选择了"偶尔使用"这一选项，而选择"经常使用"与"始终使用"的学生约有 30%，剩下约有 2% 的学生选择了"不确定"这一选项。因此可以知道，大多数的历史教师偶尔会选择用多媒体进行辅助教学。通过观察历史课堂可以发现，多数历史教师在授课时通常会选择讲授法，目的是利用有限的时间让学生掌握更多的知识，这样的情况不在少数。

被问到"你的历史教师在课堂中是否使用古文文献或历史影像"时，选择"经常使用"这一选项的学生约占 74%，选择"始终使用"这一选项的学生约占 18%，约有 7% 的学生选择了"偶尔使用"这一选项，还有约 1% 的学生表示不确定历史教师有没有使用影像史料。由此可以知道，大多数历史教师都会经常应用史料作为教学支撑。

被问到"你的历史教师是否使用过历史图片、历史纪录片、电影等进行课堂教学"这个问题的时候，选择"偶尔使用"的学生约占 64%，而选择"经常使用"这一选项的学生约占 14%，还有约 12% 的学生选择了"始终使用"这一选项。此外，约 9% 的学生表示自己不确定历史教师有没有在课堂上使用影像史料，约 1% 的学生表示历史教师从不会在课堂上使用影像史料。通过这些数据可以看出，大多数历史教师是会在教学中使用影像史料的。其中，有超过一半的历史教师对影像史料的应用情况是偶尔使用，有较少的历史教师是频繁地使用影像史料。而有部分学生表示不清楚历史教师有没有使用影像史料，那是因为这些学生并不清楚影像史料是什么。

由此可见，历史教师在教学工作中，对于影像史料的使用是具有一定的重视度的，但是也存在一些问题，那就是有的历史教师偶尔会使用影像史料，使用的频率较低。

（二）历史教师对影像史料的理解有偏差

历史教师对影像史料的理解及使用情况具体如表4-3所示。

表4-3 历史教师对影像史料的理解及使用情况

题目	选项	学生人数/个	比例/%
1.你在课堂中最常见到的历史教师所使用的影像史料是什么类型	A.现场实拍、实录影像	62	26
	B.历史纪录片	101	42
	C.历史影视剧	66	27
	D.不确定	11	5
2.你认为是什么条件决定了课堂上影像史料的真实性与权威性	A.记录者身份和时间	51	21
	B.播放量与收视率	26	11
	C.制作者与发行者声誉	57	24
	D.所获奖项	38	16
	E.历史教师的选择	68	28
3.历史教师对于使用的历史图片或视频的解读与所讲授的内容之间是否有针对性	A.从没有针对性	3	1
	B.偶尔有针对性	28	12
	C.不确定	99	41
	D.经常有针对性	106	44
	E.十分有针对性	4	2

通过以上表格中显示的数据可以知道：

被问到"你在课堂中最常见到的历史教师所使用的影像史料是什么类型"的时候，大约有42%的学生表示历史教师经常使用"历史纪录片"这种还原类的影像史料，还有约27%的学生表示历史教师会选择"历史影视剧"进行辅助教学，而约26%的学生选择了"现场实拍、实录影像"这一选项，剩下约5%的学生选择了"不确定"的选项。由此可知，历史教师大多选择还原类的影像史料进行辅助教学，还有部分历史教师会选择不能作为影像史料的历史题材的影视剧，它的使用数量和第一手影像史料的使用数量是相差不多的。

被问到"你认为是什么条件决定了课堂上影像史料的真实性与权威性"的

时候，约有28%的学生选择了"历史教师的选择"这一选项，约有21%的学生表示"记录者身份和时间"更加重要，约有24%的学生表示更为重视"制作者和发行者声誉"，约有16%的学生认为"所获奖项"更为重要，还有约11%的学生认为"播放量与收视率"更为重要。我们可以通过下图进行直观比较（图4-2）。由图可知，相信历史教师的选择的学生相对较多，说明学生对于历史教师对影像史料的选择还是信任的。

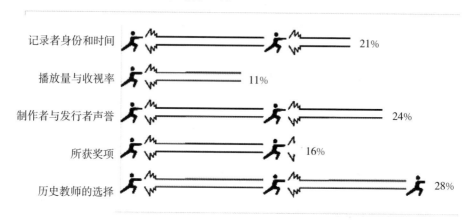

图4-2　学生对决定课堂上影像史料的真实性与权威性因素的选择情况

被问到"历史教师对于使用的历史图片或视频的解读与所讲授的内容之间是否有针对性"的时候，约44%的学生表示"经常有针对性"，约41%的学生表示"不确定"，选择"偶尔有针对性"和"十分有针对性"的学生约占12%和2%，还有约1%的学生表示"从没有针对性"。由此可知，在课堂教学中，一半以上的历史教师会对使用的影像史料进行讲解。另外，结合调查问卷可以知道，有一些学生对于历史教师授课内容和使用的影像史料之间的关系不是很理解，因此无法辨别历史教师是否对影像史料进行了讲解。

综上所述，通过对上述问题的数据分析，可以发现大多数历史教师是清楚影像史料的概念的，并且会结合教学内容去讲解影像史料，但是，依然存在一些问题。

（三）课堂中影像史料的使用时长与数量不均衡

课堂中影像史料的使用时长与数量情况具体如表4-4所示。

表4-4　课堂中影像史料的使用时长与数量

题目	选项	学生人数 / 人	比例 / %
1. 一节历史课中，你观看的电影、纪录片等视频类材料播放时间	A. 20 分钟以上	0	0
	B. 15 ～ 20 分钟	3	1
	C. 10 ～ 15 分钟	4	2
	D. 5 ～ 10 分钟	110	46
	E. 小于 5 分钟	123	51
2. 平均一节历史课中，你观看的电影、纪录片等视频材料的数量	A. 10 个以上	0	0
	B. 8 ～ 9 个	3	1
	C. 6 ～ 7 个	5	2
	D. 4 ～ 5 个	75	31
	E. 3 个及以下	157	65
3. 平均一节历史课中，你观看的文物图片、历史地图等图片类材料数量	A. 20 个以上	0	0
	B. 16 ～ 20 个	2	1
	C. 11 ～ 15 个	5	2
	D. 6 ～ 10 个	86	36
	E. 5 个及以下	147	61

由上表可知：

被问到"一节历史课中，你观看的电影、纪录片等视频类材料播放时间"时，五个选项中，大约51%的学生选择了选项"小于5分钟"，另有46%的人选择了"5 ～ 10分钟"，选择时间为10分钟以上的学生合计约为3%。由此可知，绝大部分历史教师在课堂中将使用影视史料的时间控制在了10分钟内。

被问及"平均一节历史课中，你观看的电影、纪录片等视频材料的数量"时，约65%的学生选择了"3个及以下"选项，约31%的学生选择了"4 ～ 5个"，约2%的学生选择了"6 ～ 7个"，约1%的学生选择了8 ～ 9个，没有人选择"10个以上"的选项。

被问及"平均一节历史课中，你观看的文物图片、历史地图等图片类材料数量"时，约61%的学生选择了"5个及以下"选项，约36%的学生选择了"6～10个"，约2%的学生选择了"11～15个"，约1%的学生选择了"16～20个"的选项，没有人选择"20个以上"的选项。由此可知，历史教师平均使用静态影像史料数量要高于动态影像史料，且大部分教师一堂课中展示5个及以下的静态影像史料，小部分历史教师在一节课中展示数量在6～10个，极少数历史教师在一节课中使用静态影像史料在15～20个。

从以上数据可以总结出以下问题：动态影像史料与静态影像史料使用频率不均衡；影像史料的使用时间虽不存在过长情况，但普遍存在使用时间较短的情况。

（四）部分学生对影像史料概念理解不清

表4-5为学生对影像史料的接受程度。

表4-5　学生对影像史料的接受程度

题目	选项	学生人数/个	比例/%
1.历史教师使用的古文、文献与图片、视频相比，哪种学习与理解起来更吃力	A.二者理解起来都吃力	3	1
	B.图片、视频理解起来更吃力	9	4
	C.不确定	62	26
	D.古文、文献理解起来更吃力	161	67
	E.二者理解起来都不吃力	5	2
2.如果你能向历史教师提建议，你会建议在课堂中增加哪种史料帮助自己进行历史学习	A.文字史料	48	20
	B.影像史料	122	51
	C.以上两种都增加	67	28
	D.不需要史料辅助教学	3	1
3.你能否接受这种在历史课中结合影像史料进行学习的模式	A.不能接受	7	3
	B.不确定	62	25
	C.可以接受	171	71

题目	选项	学生人数 / 个	比例 / %
4. 将来的学习中你希望继续接受影像史料应用于历史课堂这种教学模式	A. 非常不符合	2	1
	B. 不符合	5	2
	C. 不确定	72	30
	D. 符合	134	56
	E. 非常符合	27	11

由上表可知:

被问到"历史教师使用的古文、文献与图片、视频相比,哪种学习与理解起来更吃力"时,约67%的学生选择"古文、文献理解起来更吃力"这一选项,约 26% 的学生选择"不确定",选择"图片、视频理解起来更吃力"的学生约占 4% ,只有少部分学生表示"二者理解起来都吃力"和"二者理解起来都不吃力",占比分别约为 1% 和 2%。由此可见,比起文字史料,学生更容易接受影像史料。

被问到"如果你能向历史教师提建议,你会建议在课堂中增加哪种史料帮助自己进行历史学习"的时候,选择推荐"影像史料"的学生大约有 51%,约28% 的学生表示"以上两种都增加",而选择推荐"文字史料"的学生占 20%,极少部分学生表示"不需要史料辅助教学"。由此可见,大部分学生乐于接受并希望使用影像史料进行学习。

当被问到"你能否接受这种在历史课中结合影像史料进行学习的模式"的时候,大约有 71% 的学生表示"可以接受",约 25% 的学生表示"不确定"能不能接受,选择"不能接受"的学生约占 3%。可见,大部分学生是可以接受在课堂上应用影像史料的。

当被问到"将来的学习中你希望继续接受影像史料应用于历史课堂这种教学模式"是否符合自身情况的时候,约 56% 的学生选择了"符合",约 11% 的学生选择了"非常符合",30% 的学生觉得"不确定",选择"非常不符合"和"不符合"的学生分别约为 1% 和 2%。由此可见,大多数学生是希望将影像史料继续应用到未来学习中的。

综合以上数据可以看出,大多数学生对于在历史课上应用影像史料是持接受态度的。存在的问题是少数学生不理解影像史料的概念。

（五）动态影像史料应用后学生注意力难集中

表4-6是关于学生学习兴趣培养及其注意力的调查结果。

表4-6　学生学习兴趣培养以及注意力调查

题目	选项	学生人数 / 个	比例 / %
1.课堂上使用影像史料是否能提升你学习历史的兴趣	A. 无法提升	3	1
	B. 小幅度提升	137	57
	C. 中幅度提升	94	39
	D. 大幅度提升	6	3
2.你能从影像史料中收获知识，加深对课堂讲授的历史人物、事件的印象	A. 非常不符合	4	2
	B. 不符合	3	1
	C. 不确定	69	29
	D. 符合	147	61
	E. 非常符合	17	7
3.历史课上某段影像史料曾吸引你，使你课后主动搜集并了解相关的历史知识	A. 非常不符合	7	3
	B. 不符合	16	7
	C. 不确定	85	35
	D. 符合	109	45
	E. 非常符合	23	10
4.你在观看历史电影、纪录片等影像史料后能及时将注意力转回课堂中	A. 非常不符合	49	20
	B. 不符合	77	32
	C. 不确定	66	28
	D. 符合	31	13
	E. 非常符合	17	7

表格数据显示：

被问及"课堂上使用影像史料是否能提升你学习历史的兴趣"这一问题的

时候，对于这四个选项，仅仅约 1% 的学生表示"无法提升"，约 57% 的学生认为自己学历史的兴趣有小幅度提升，约 39% 的学生表示学习历史的兴趣有"中幅度提升"，而其余约 3% 的学生表示学习历史的兴趣"大幅度提升"。由此可以看出，对于大多数学生来说，他们在课堂上接触了影像史料以后，学习历史的兴趣有了一定程度的提高。

当被问到"你能从影像史料中收获知识，加深对课堂讲授的历史人物、事件的印象"是否符合自身情况的时候，约 68% 的学生表示通过影像史料的学习加深了对历史人物和事件的印象，约 29% 的人表示不确定是否加深了对课堂中历史教师讲授的历史人物与事件的印象，还有大约 3% 的学生表示没有加深他们对历史事件和历史人物的印象。由此可见，大部分学生都认为通过影像史料的学习，自己对本课所学的历史知识的印象加深了。

在让学生判断"历史课上某段影像史料曾吸引你，使你课后主动搜集并了解相关的历史知识"是否符合自己的实际情况时，合计约 55% 的学生选择了"符合"和"非常符合"的选项，大约 35% 的学生表示不确定，剩下大约 10% 的学生表示影像史料并没能提高自己的兴趣，课后也从来没有主动调查研究过感兴趣的历史知识。由此可见，在历史课上，有一半以上的学生会被影像史料吸引，课后也会主动去了解和学习自己感兴趣的历史事件和历史人物，然而，也有一些学生感到困惑，难以理解和学习影像史料。

学生被要求判断"你在观看历史电影、纪录片等影像史料后能及时将注意力转回课堂中"这一问题的时候，大约有 20% 的学生选择了"非常不符合"，约有 32% 的学生选择"不符合"，约有 28% 的学生选择"不确定"，选择"符合"和"非常符合"的学生分别约为 13% 和 7%。由此可见，有超过一半的学生注意力不能转回课堂，所以在初中的历史课中，历史教师在使用动态影像史料进行教学以后，需要及时帮助学生集中注意力，并组织和管理课堂的纪律。

综上所述，影像史料在培养学生学习兴趣方面，对于大多数学生来说是有效的，能够提高学生的学习兴趣，同时还能加深学生对所学历史知识的印象。但是，这其中也存在问题，如有些学生对影像史料的理解有困难，有些学生不理解影像史料使用的目的是什么，有些学生看完动态的影像史料后不能将注意力转回课堂，等等。

第三节　影像史料的应用策略与实践

一、影像史料的搜集、积累与甄别

如今，随着科学技术的飞速发展，网络上出现了很多历史题材的影视作品，好的坏的都混在一起。历史教师作为知识的讲授者和引导者，要做到防患于未然，注意平时的积累，对于影像史料的筛选要有针对性，在课前要积极搜集和整理网上的历史影像资源，并且要做到去除虚构和娱乐性质的作品，挑选出真正优秀的影像资料用于课堂教学，同时要提高学生鉴别史料真伪的能力。

（一）影像史料的搜集与积累

历史教师可通过多种方式收集和整理影像史料。最普遍使用的方式是利用互联网通过官方网站和正规渠道进行史料的搜集（表4-7）。对于影像史料的整理和总结，历史教师可以利用剪辑软件对收集到的影像史料进行整理和剪辑，选取其中的重要部分加以整合，从而节省课堂教学的时间，使教学效率得到提升。同时，历史教师也可以建立一个影像史料库，在收集的过程中不断对其内容进行丰富和完善，方便日后使用和共享。

表4-7　影像史料检索与搜集可查询网站及网址

网站名称	网址
央视网	https://www.cctv.com/
中国国家博物馆	http://www.chnmuseum.cn/
上海音像资料馆	http://www.sava.sh.cn/
大英博物馆	https://www.britishmuseum.org/collection
故宫博物院	https://www.dpm.org.cn/Home.html
铁血网	https://www.tiexue.net/
趣历史	http://www.qulishi.com/pic/
中国共产党新闻网	http://cpc.people.com.cn

网站名称	网址
新浪历史图片	http：//history.sina.com.cn/photo/
中国第一历史档案馆	http：//www.lsdag.com/nets/lsdag/page/index.shtml？ iv=
人民网	http：//www.people.com.cn/
抗战文献数据平台	http：//www.modernhistory.org.cn/#/

（二）影像史料的甄别

历史和艺术的真实性能够融为一体，变得亲密无间，但这并不表示历史和虚构、想象没有区别。① 历史教师在筛选历史影像时，为了防止把艺术性、虚构性的历史题材的作品误当成影像史料，可以根据上面提到的影像史料真实度的分类进行严格的审查。历史教师很容易把还原类的史料和虚构的影视作品混淆，因此我们要清楚，还原类的影像史料注重借助现代的计算机技术来还原和模拟史实，注重史实的还原和历史的真实度。但是，由于作者或者导演对历史知识的掌握是有限的，所以，就算是历史剧也难免会出错。② 对于有的还原史料来说，虽然其中可能包含创作者的主观思想，史实的还原程度仍存在缺陷，但是历史教师在实际教学前，可以将符合史实的内容截取出来用于教学。虚构的历史影视素材大多是非纪录片的形式，如电影、电视剧等。它们大多以小说为基础，专注于娱乐大众，注重观赏性以及娱乐性，而对于真正的时代史实，大多是不关注的，所以课堂实用性不高。以抗日剧《向着炮火前进》为例，该剧讲述了 1945 年抗战结束时，土匪雷子枫和八路军一起抗击日寇的故事。抗日英雄们浴血奋战、视死如归，让观众切实受到了激励，不过，这部剧中有太多错误和虚构的内容，如剧中有一个场景是雷子枫骑着哈雷摩托车，手里拿着加特林枪扫射日军。虽然视觉效果非常好，但是在中学历史课堂上是无法作为史料使用的。历史这门学科必须是严谨且严肃，并且不失活泼的，但绝不是把并不真实的影视剧搬上课堂的艺术鉴赏课。

当然，历史类的影视作品虽然是虚构的，但并不是一点儿用处也没有，历史教师可以带领学生观看这类影视资源，然后让学生指出其中的史实错误，这

---

① 张广智.重现历史：再谈影视史学 [J]. 学术研究，2000(8): 84-90.

② 柳尧杰.“影视史学”视角下的初中世界史教学研究 [D]. 烟台：鲁东大学，2017.

样不但可以培养学生的历史核心素养，而且能提高学生的思维能力和鉴别影像史料真伪的能力。

二、影像史料的实际应用

以部编版八年级上册历史教科书第17课《中国工农红军长征》为例，分析怎样利用影像史料来提高学生的爱国情怀。以下为具体的应用过程：

教师：同学们，大家应该都听说过红军长征的故事，早在我们上五年级的时候，语文课中我们就学过一首《七律·长征》（人教版语文教材），大家还会背吗？下面，我领头，大家齐声背诵一遍。

教师：下面，老师要提问了，这首诗里都描述了哪些场景呢？这些场景又有怎样的特点？

学生回答问题并发表自己的看法。

教师：这首诗尽显磅礴的气势，充分展现了红军战士不畏艰险、不屈不挠的精神。"五岭逶迤腾细浪，乌蒙磅礴走泥丸"，这一句不仅表达了红军的气势，也从侧面说明了长征之路是如此艰难。为了让大家更好地了解先辈的长征之路，下面，老师要带大家一同穿越到那个年代，去看看其他资料是怎样记录和描述红军长征的故事的。

教师向学生展示静态影像史料《二万五千里长征史画》中描绘红军长征过程的图片（图4-3）。

图4-3 《二万五千里长征史画》节选——翻越夹金山

教师：同学们仔细观察，图中都包含了哪些信息？这些信息给你怎样的感受？

学生：图中描绘的是红军在长征途中翻越夹金山的景象，从这幅图中我感受到了红军长征的艰辛，他们这种勇往直前、不惧艰难的精神和态度值得我们学习。

教师播放动态影像史料——纪录片《永远的长征》第七集中的胜利会师片段。

教师：我们刚刚看完了纪录片，对此，你有什么体会？

学生：1936 年 10 月，红军三大主力军在会宁会师，标志着红军长征的胜利结束。从视频中，我感受到了红军战士们会师后的喜悦之情。他们的这种自强不息、艰苦奋斗的品质值得我们学习。

教师：这位同学说得非常好，长征的胜利，使国民党反动派想要消灭红军的企图被彻底粉碎，也使得共产党和军队的实力得以保存。刚刚同学们说的不畏艰难、自强不息等精神，都属于长征精神的一部分。我希望同学们在学完今天这节课后，不仅掌握了课本上的知识点，还学到了长征精神，并带着这样的精神投入学习和生活。在这节课的最后，希望同学们再和老师一起背诵一遍《七律·长征》！

三、影像史料应用的反思

与教学反思一样，历史教师在教学中使用完影像史料之后，也要进行总结和反思。这样做的主要目的就是总结选用的影像史料有没有遵循应用原则，有没有遵循实施策略。此外，对于使用影像史料时发现的问题也要加以反思。

（一）历史教师自身素养是否需要进一步加强

作为历史教师，必须在课后反思自己在使用影像史料方面的能力是否需要再提高，这是反思影像史料应用的最基本环节。在日常备课和教学中，历史教师要具备很多应用影像史料的素养，如对影像史料的搜索、筛选、积累等，并且要尽可能去参与相关的学术研究活动，使自身的学术素养得到提升。近些年来，国内开展了很多和影像史料开发有关的研讨会。2020 年 1 月 11 日，北京师范大学的历史学院开展了第六届全国影像史学学术研讨会，很多高校历史教师和专家学者们在探讨中最终得出了"虚拟影像也是影像史料的延续和发展""影像史学研究不断面临新的理论和实践问题""史学理论研究应紧跟史料形态变化和史学方法创新"等观点。这不仅为历史教师认识、丰富史料的内涵开辟了新思路，也为历史教师在历史教学中应用史料带来了新灵感。

（二）本节课影像史料应用是否具有针对性

所使用的影像史料是否和本节课学生要掌握的知识点相符，完全由历史教师课前所设定的教学目标和选择的影像史料所决定。在反思中，历史教师首先要考虑自己在备课时选择的影像史料能否达到本课的教学目标。如果使用的史料是针对课堂所教的知识点的话，将顺利完成本课的教学目标。

（三）是否注重用影像史料培养学生核心素养

在课后总结阶段，历史教师要对整节课中影像史料的应用进行反思，反思其应用是否为学生的历史核心素养的培养提供了帮助。比如，在讲解《鸦片战争》这一课时，历史教师可以给学生播放《虎门销烟》这一纪录片，然后要在课后反思这段影像资料的使用，是否可以帮助学生了解虎门销烟的相关知识，并且反思学生通过观看这部纪录片，能否积极主动地探索纪录片背后的故事，去思考销毁鸦片的原因，然后给出自己的解释，并发表自己的观点和看法。如果在课堂教学中，大部分学生都可以通过观看影像史料对历史事件进行解释，这就表示在这节课中使用影像史料，是可以提高学生历史方面的核心素养的。[1]

（四）本节课在应用影像史料时是否赋予其深层意义

在影像史料的教学反思中，还有一个重要组成部分，那就是反思影像史料是否被赋予了其他深层次的内涵。影像属于一种载体，有了它以后，一些史料才能得以保存并传承下去。影像史料虽然是历史教学中的一种教学辅助工具，但不能一味地拘泥于条条框框。因此，历史教师要思考所使用的影像史料是否可以被赋予深层的含义，使学生不仅可以通过观看影像史料来掌握课程内容，还可以从自己的视角去解读历史教师赋予影像史料的深层内涵。

影像史料的应用具有一种最基本的意义，那就是直观性意义。借助影像史料的直观特性，历史教师可以让学生直观地感受影像所表达的意义。比如，在旅顺大屠杀的照片里，学生对日军的暴行一览无余。历史教师在使用影像史料时，对其赋予最多的意义就是直观性意义，但是，如果此时停止探索史料的其他意义，学生就无法对影像史料形成自己的理解，并且无法从自己的视角进行解读。历史教师除了要赋予影像史料直观性意义之外，还要反思能否赋予其象征性意义。象征性意义其实就是没有清晰地表达出含义的内容，它隐藏在影像史料之中，需要学生通过观看影像史料后经过思考获得。这样的象征性意义是

---

① 孙瑜.数字化时代影像史料刍议[J].北方论丛，2015(5): 70-72.

不容易被学生察觉到的，学生通常要在历史教师的引导下获得。除了考虑直观性意义和象征性意义之外，历史教师还要反思史料的应用有没有情感意义，也就是通过影像史料的直观性和象征性意义，能否让学生感受到影像史料传递出来的情感。作为历史教师，如果不对课堂上所应用的影像史料赋予一定的意义，或者只赋予直观性的意义，那么，教学效果就不会很好。所以，作为历史教师，一定要在课后对本节课进行反思，思考所应用的影像史料有没有被赋予直观性意义、象征性意义以及情感性意义。

近些年来，电子化多媒体和网络在各个领域中逐渐普及，它们对于教育的发展也贡献了不小的力量。在教学过程中使用影像史料，可以使学生的学习积极性更高，还能提高初中生的历史核心素养，同时激发学生学习历史的兴趣，促使其主动去探究影像史料背后的情感和内涵。总之，影像史料是一种辅助教学的工具，它能够帮助历史教师完成教学任务，可以辅助教育工作者对课程资源进行开发，在教育领域发挥着越来越重要的作用。

第五章　实物史料的应用

第一节　何谓实物史料

一、实物史料的含义

在人类历史上，人类留下的或者和人类活动相关的遗迹、遗物被称为实物史料。

遗迹包括遗址、宫殿、基地等。遗物包括生活用品、劳动工具、装饰品等。

实物史料可以分成两个不同的等次，即第一手材料和第二手材料。第一手材料是通过科学的勘察和发掘得到的，有着准确的年代依据和地层关系，还有一些文物不是专业人员获取的，已经没有地层关系，但是研究人员利用可靠材料进行比对后确认了年代，那么这样的实物史料也可以被称为第一手材料；第二手材料是研究人员根据对第一手材料的研究撰写的专著、论文等。[①]

基于以上分析，作为实物史料的外部延伸材料还有很多。实物史料，当然也包括遗迹、遗物，这些都是可以用肉眼看到的，是真实存在的东西，因此我们可以真实地感受到，甚至可以触摸它们。但是由于实物史料是非常珍贵的，并且大多难以移动，所以我们一般是无法触摸相关物品的，也很难去实地查看。这些限制为实物史料在教学中的应用带来了很多不便。然而，随着现代科技的进步，时间和距离的限制慢慢被打破。这也为初中历史教学中实物史料的应用带来了很大的便利，也扩大了实物史料的外延。所以，传世文物、考古文

---

① 尚刚. 实物史料略说[J]. 装饰，2001(2): 57-58.

物以及实物的图片、模型、相关的影像资料等都可以用于初中历史教学，这些都是很好的实物史料，在教学当中充分地对它们进行利用，可以使教学效果大大提升，也会使学生的学习效率有一定程度的提升。[①]

二、实物史料的分类

实物史料通常分成三种类型，即考古文物、实物图录资料以及实物的教具模型。

第一类是考古文物。考古文物是考古学家在地下发现的，是可靠且具有真实性的。从当今社会的发展情况来看，在和平年代里，人们普遍对家传文物非常感兴趣，这类文物的市场交易也是很多的，并且在人们的生活中逐渐掀起了一股热潮，网络上、电视中出现了很多文物鉴定节目。事实上，在初中的历史课程中，也可以对此加以借鉴，以便更好地将实物史料运用到教学当中。在公众对文物遗产资源高度关注的背景下，为什么不把考古文物和传世文物引入历史教学中呢？这对于提高学生的学习效率、提高国民整体素质都是很有益处的。

第二类是实物的图录资料，包括图片和影像资料。这样的形式可以更加直观地将事物的原貌展示出来。以前，在教学的过程中，历史教师想要借助文物进行讲授时常苦于拿不到珍贵的文物，更不能直接把学生带到遗迹面前去现场讲授，但在科技发达的今天，历史教师就可以借助丰富的实物图片与影像资料进行辅助教学，从而解决这一难题。历史教师可以直接通过网络或在一些博物馆的官网获取图片和影像。除此之外，有很多摄影师和摄影爱好者会拍摄一些实物图片和影像并发布在网络上，这也大大拓宽了历史教师获取史料的渠道。比如，在讲部编版七年级上册历史第1课《中国早期人类的代表——北京人》的时候，历史教师就可以把北京人头盖骨模型的图片展示给学生。学生看到模型后表现出惊讶时，就可以告诉学生，这只是头盖骨的复原模型，真正的实物已经找不到了，然后再把头盖骨化石的故事讲给学生听，使学生更有兴趣去学习历史。第2课是《原始农耕生活》。历史教师在讲述完河姆渡人的生产与生活之后，可以给学生播放音频《千年河姆渡》，一边播放一边进行引导和补充，目的是使学生产生身临其境的感觉，仿佛真的来到了河姆渡人生活的地方，使学生对这节课的知识有更深刻的印象，提高学生的学习效率，进而提高学习成绩。

---

① 王艳茹.实物史料及其教学应用浅析[J].内蒙古教育（职教版），2012(3)：40-41.

第三类是实物的教具模型。教育是相通的，因此，课堂教学的作用不应该局限于知识点的传授，还要从多个方面进行互动。一方面，实物模型可以锻炼学生动手和动脑的能力。学生在制作教具的过程中，既可以提高自身的历史思维能力，也可以提升自己的动手能力。学生在制作实物模型的过程中，能够亲身体验制作的辛苦，对古人为什么要这样制作等问题进行思考，从而深挖隐藏在历史深处的秘密，进而加强对所学历史知识的理解和掌握。另一方面，在进行实物制作的过程中，学生能够直观地感受它的伟大之处，以此来增强民族认同感与自豪感。现今，在城市生活的学生占很大一部分，他们对与农村和农业相关的事物都缺少一定的了解，这就为学习带来了一定的障碍。因此，历史教师可以让学生亲手制作实物史料的模型，并与教师的讲解结合。历史教师在教学中利用实物的图片和相关的影像资料进行辅助教学，可以让学生对知识点产生更加深刻的印象，进而使学生的学习成绩得到提高，对学生身心健康发展也很有帮助。

三、实物史料的应用原则

实物史料有多种类型。如今，科学技术不断进步，生活中随处可见各种类型的实物史料。所以，历史教师在筛选和应用实物史料时必须遵循一些原则，从而确保实物史料的应用是合理且有效的。

（一）科学性原则

在应用实物史料时，历史教师必须确保它具有一定的科学性。当然，在选择实物史料时，要将科学性作为选择的依据，而且要对实物的真实性进行说明。例如，它是真实的实物还是实物的仿品，是根据实物制作的模型还是传世的文物，同时，对于和实物有关的图片或者影像也要进行说明。

应用实物史料可以对古籍进行校勘，对文献的真伪进行鉴别。但对于所获得的文献本身而言，首先要注重它的来源和真假，以及鉴别其真伪的依据。

在众多课程资源中，历史教材是最为重要的内容。所以，历史教师必须将教材作为选择实物史料的依据。在符合课本内容的基础上，对其进行补充与发挥，然后实现对实物史料的合理利用。比如，讲到《原始农耕生活》这一课的时候，历史教师可以展示一些原始农耕时期骨器和石器的模型，加深学生对农耕文明的认识，使学生更清楚地了解当时的农业发展：第一，在原始农耕时期，人们通常将石头和骨头磨制成器具作为生产的工具；第二，虽然原始农耕时期的农业生产力不高，但是这些生产工具的原理和现代农业生产工具的原理大致相同，这就说明在当时，农业的发展已经达到了一定的水平；第三，从以上的分析中不难看出，我国农村生产力的发展是较为缓慢的，还有待提速，所以必须促进农业水平快速提高，进而促进国家整体经济水平的提升。

作为重要的课程资源，实物史料可以深化教材的内容，并且还能对教材进行补充，而应用实物史料的目的就是激发学生内在的驱动力，同时促使学生掌握学习历史的一些相关技能。所以，历史教师在使用实物史料时，首先要紧密联系教材中的知识，帮助学生更好地理解和把握课本中的重点和难点，并在此基础上具有一定的突破。其次，应用实物史料的时间也要合理。在实际的课堂教学中，每节课的时间都是固定的，如果想要在课堂中应用实物史料，历史教师就必须在有限的时间里，合理安排教学内容和史料的使用，要确保史料的作用得到充分发挥。

（二）系统性原则

在使用实物史料的时候，一定要遵循系统性原则，必须全面且系统地去把握教材的内容和知识点，不要以偏概全。历史教师对教材的所有内容都要进行深刻的分析并加以掌握，然后在此基础上进行分析和研究，要清楚教材中与实物史料相关的哪部分内容需要进行深入的讲解，还要从教材的实际和学生的学情出发，分析哪些章节是可以使用实物史料的。这些都需要历史教师提前做好"功课"，抓住问题的关键，并有针对性地选择和搜集实物史料，然后在教学过程中设置教学情境，充分发挥实物史料在教学中的作用。

（三）适度性原则

在应用实物史料的时候，还要坚持适度性原则。历史教师在选择实物史料时，一定要精挑细选，所选史料不在于量的多少，而在于是否"精"。在众多实物史料中，历史教师进行精选，将最有代表性的史料挑选出来。同时，历史教师还要多关注细节，细节决定成败。在教学当中注重细节的讲解与刻画，不但有助于提高教学质量，而且能促进学生自主探究能力的提高。所以，面对三观还没有真正成形的初中学生，历史教师不能只关注学生对历史知识的掌握，还要关注历史细节对于学生思想品质的影响。历史教师提高了对历史细节的关注度，就可以引导学生去理性且全面地看待历史，尊重历史。同时，历史教师对历史细节的补充可以让学生更好地去理解历史事件的形成，这也体现了一定的适度性原则。对实物史料进行精选、对实物史料的细节进行把握，使适度性原则真正地得以实现，有利于实物史料在历史课程教学中发挥最大的作用。因此，历史教师要精选实物史料，对史料进行比较、鉴别和解释，使所选史料能够对课本内容进行合理补充。

四、初中历史教学中应用实物史料的重要性

（一）有助于提高学生的学习兴趣

提高学生的学习兴趣对于改善教学效果和提升教学质量都有着十分重要的影响。如今，有很多人觉得历史这门课程并不重要，因为在中考的时候，历史科目一般是开卷考试的形式，所占的分值也相对较低。因此，学生不会将更多的精力放在学习历史课程上，这对于历史教学来说，无疑是一个很大的挑战。为了改善这种状况，适应新课程改革的要求，有很多历史教师都将实物史料引入历史教学，也积极借助现在的多媒体设备从多个方面进行讲授和演示，目的是营造一种轻松且生动的教学氛围，提高学生学习历史的兴趣。

然而，很多历史教师都忽略了一个重要的部分，那就是对实物史料的使用。历史是发生在过去的事，历史教师需要找到合适的介质去打通过去和现在之间的那堵墙。文字出现后，人们会利用文字将历史记录下来，这种将文字作为载体的史料能够还原历史现象和历史事件。不过，对于现代人来说，这样冰冷的文字不免有些枯燥乏味，而且，这些文字所记录的内容也不一定就是真实的，对于这些问题，实物史料就能够很好地解决。实物史料都是真实可靠的，是对历史遗迹、遗物、事件的真实展现，会给观者带来巨大的视觉冲击，这样的直观感受，可以很好地提高学生的学习兴趣，营造生动轻松的课堂氛围，从而使学生对所讲的历史知识有更加深刻的印象，使学生的思维更加活跃，进而打造出优质且高效的课堂。

例如，在部编版七年级上册历史教科书的第1课《中国早期人类的代表——北京人》的教学中，历史教师可以带领学生演示北京人一天的生活，使学生置身于历史情境中，感受北京人的生活状态，更好地激发学生的学习兴趣。那么，具体应该怎么操作呢？历史教师可以采用合作探究的方式，利用多媒体教学设备，将北京人一天的生活呈现出来。在设计情境时，应注意要全方位、多角度地进行呈现。在展示文字的同时，要配备复原的情境图片。除此之外，还要注意对细节进行刻画，如可以向学生们展示北京人狩猎时所使用的石器工具的图片或者模型，让学生感受北京人当时的生活状态。最后，当全部内容都展

示完毕，课程内容也讲述完毕，就可以带领学生对所学的内容进行朗读，加深印象。

又如，在部编版七年级上册历史教科书的第2课《原始农耕生活》的教学中，讲到半坡居民的生产和生活时，历史教师可以向学生展示教具模型，让学生直观地感受当时半坡居民住所的结构特点，可以带学生做一个小实验，让学生了解这样的建筑结构出现的原因和它的优势。当讲到河姆渡人的时候，历史教师可以通过PPT将古代生产工具耒耜和现代生产工具铁锹展示给学生，通过两者的对比，使学生感受古人的智慧，了解古人的伟大之处。

总之，这种将实物史料引入课堂的情境设计，不仅可以提高学生的学习兴趣，还能使历史教师的教学效率得到提升。

（二）有助于培养学生的实证意识

初中阶段的学生不管是生理还是心理都没有发育完全，仍处在发展的阶段，他们对世间万物都充满了好奇，然而对世界的认知却是不够完整且不清晰的。他们不能对事物的真假好坏进行明确判断。所以，在初中阶段的历史教学中，培养学生"史证结合"的意识是非常重要的。

历史具有科学性是因为每一个史实的背后都有依据，人是不能随意地去创造史实的。过去科学技术还不够发达，学生一般是通过历史教师在课堂上的讲授、教科书和课外书籍学习历史。然而，网络时代的到来，使人们可以从网络上获取很多历史知识，但一些错误的历史知识会对学生的学习生活产生不利影响。因此，在应用实物史料时，要对史料进行实证。这样可以使学生更好地辨别真假对错。在历史教学中，如果历史教师只利用讲授法向学生传授知识，毫无疑问，这将是一堂十分枯燥乏味的课；当把实物史料应用到教学中时，就能够将理论和实践进行有机结合，再结合历史教师的讲解，逐渐培养学生"史证结合"的意识。

以第2课《原始农耕生活》为例，之所以说世界上最先栽培水稻的国家是中国，是因为迄今为止最早的人工栽培的种植水稻是在我国江西省发现的，具体来说，是在距今10 000年左右的吊桶环遗址发现的。世界上最早栽培粟的国家也是中国，因为在河北省境内的磁山文化遗址找到了目前最早的人工栽培的粟，距今也有约7 300年了。

（三）有助于培养学生的历史思维和探究精神

历史思维指的是人们对历史客体规律与特性的概括反映。我国的历史学者白月桥也曾发表过自己的看法，他认为，从本质上看，历史思维的概念就是将历史资料作为参照，然后具体且生动地对历史进行再现。[①] 所谓史料探究教学，是指引导学生通过应用史料，重构历史情境，体会历史，升华对历史现象的认识，深刻理解和领悟历史背后丰富的思想，最终学会独立思考和探求真知。

在史料探究的过程中，历史教师要让学生明白：掌握了历史研究的一般法则，每个人都可以成为史学家，在对话史料和自主探究的过程中，对历史的真面目进行探寻，然后从中获取感悟，从而更好地理解人类的现在，进而展望人类的将来。

在探究教学中应用史料，其意义在于引导学生对史料进行转化，为历史认知的证实提供依据，这是在向学生传授探寻历史真相的手段，也就是史料对话，或者史料方法。爱德华·霍列特·卡尔（Eduward Hallett Car）曾表示，真正的历史是在历史学家和他认为的事实相互作用、现在和过去不断交流碰撞中产生的。[②]

历史教师要有证据意识，提高对实物史料的运用能力，掌握分析与探究实物史料的方法，从而培养学生的历史思维以及探究历史的能力。一方面，历史教师可以在教学中进行耐心的讲解，培养学生认识和理解实物史料的思维，并使学生掌握探究历史的方法。另一方面，学生可以在历史教师的引导下，对史料进行独立的搜集、学习以及运用。这样，学生对于实物史料的兴趣就会逐渐提高，学生自主学习与独立思考的能力也会得到提升。

历史教师在日常教学中对实物史料进行讲解，不仅能够培养学生的实证意识，还能促使学生掌握探究实物史料的方法，提升分析历史实物的能力，提高独立思考的意识，学会自行收集资料信息。在进行课堂总结时，可以让学生尝试对历史进行反思，对学习实物史料的方法和技巧加以巩固，从历史中吸取教训。在布置课后作业时，让学生利用课上学到的东西对信息和资料进行收集和整理，然后把自己的观点写成历史小论文，使"论从史出，史论结合"的历史探索精神和思维能力得到加强。

以第2课《原始农耕生活》的讲授为例，教师在讲到河姆渡遗址和半坡遗址时，不应该仅仅把史学家的研究结论告诉学生，而应设法让学生真正理解

① 白月桥.历史教学问题探讨 [M].北京：教育科学出版社，1997: 56.

② 王秀青."历史解释"的素养层次及其培养途径之思考：以"欧洲的宗教改革"为例 [J].中学历史教学参考，2017(3): 50-54.

这些结论，同时，要让学生向专家学习，学习他们探求真知和思考问题的方法以及态度，要让学生从考古材料的分析中总结自己的观点，然后发表自己的看法。

第二节　实物史料的应用调查与分析

从以上论述中可以了解到，应用实物史料对初中历史教学有着不可忽视的作用。教师需要遵循一定的原则，然后获取实物史料，并有效应用。那么，在当前初中历史的教学中，实物史料的应用情况是怎样的呢？本书利用问卷调查的手段进行了分析和研究。

为了使研究结果更加准确且可靠，能够体现在初中历史课程中运用实物史料的真实情况，笔者对某中学七年级的 100 名初中生以及 10 名历史教师展开了问卷调查。以下是问卷调查反映出来的一些情况。

一、历史教师在教学中的运用状况

历史教师在初中历史教学中处于主导地位，那么历史教师运用实物史料的情况是什么样的呢？调查结果如表 5-1 所示。

表 5-1　历史教师问卷调查结果统计

题型	问题	选项内容	人数 / 个	百分比 / %
单选题	1. 作为一名历史教师，您了解实物史料吗？	A. 非常了解	1	10
		B. 大概了解	8	80
		C. 不怎么了解	1	10
		D. 不了解	0	0
		总计	10	/

续 表

题型	问题	选项内容	人数/个	百分比/%
多选题	2. 您主要通过什么途径了解实物史料?	A. 通过网络	10	32
		B. 通过教参、辅导书等辅助性材料	6	19
		C. 图书馆查阅相关资料	3	10
		D. 实地考察搜集(博物馆、遗址等)	8	26
		E. 其他途径	4	13
		总计	31	/
单选题	3. 在平时的教学过程中,您是否用实物史料来辅助教学?	A. 经常	0	0
		B. 偶尔	8	80
		C. 从不	2	20
		总计	10	/
多选题	4. 在日常教学中您一般通过什么方式运用实物史料?	A. 直接展示实物实体	0	0
		B. 多媒体展示实物史料相关视频	9	33
		C. 多媒体展示实物史料相关图片	9	33
		D. 展示实物教具模型	5	19
		E. 组织实物史料相关实践活动	4	15
		总计	27	/
单选题	5. 您在运用实物史料辅助教学时,最常用的方法是?	A. 设计情境,师生互动	3	30
		B. 呈现史料,学生思考	6	60
		C. 传统的灌输式教学	1	10
		总计	10	/

题型	问题	选项内容	人数 / 个	百分比 / %
单选题	6. 您认为在短暂的课堂中进行实物史料的运用时间是否够用？	A. 完全够用	0	0
		B. 合理安排就够用	7	70
		C. 时间很紧张	2	20
		D. 不够用	1	10
		总计	10	/
单选题	7. 您在布置课后作业时，是否涉及实物史料相关内容？	A. 经常涉及	1	10
		B. 偶尔涉及	6	60
		C. 从不涉及	3	30
		总计	10	/
单选题	8. 您认为实物史料知识的缺乏会对学生的成绩产生影响吗？	A. 影响很大	1	10
		B. 有些影响	5	50
		C. 几乎没影响	4	40
		D. 完全没影响	0	0
		总计	10	/
单选题	9. 您认为在历史教学中进行实物史料的运用是否有意义？	A. 意义重大	5	50
		B. 意义一般，作用不大	4	40
		C. 毫无意义，浪费时间	1	10
		总计	10	/

续 表

题型	问题	选项内容	人数/个	百分比/%
多选题	10.您认为实物史料的运用对初中历史教学有何意义?	A.实物史料的运用符合课标要求	6	19
		B.实物史料的运用有助于提升学生的学习兴趣	10	31
		C.实物史料的运用有助于学生唯物史观和史料实证意识的培养	7	22
		D.实物史料与史学理论的有机结合有助于培养学生的历史思维能力和探究精神	9	28
		总计	32	/
单选题	11.您希望将实物史料运用于历史教学中吗?	A.非常希望	5	50
		B.一般	5	50
		C.不希望	0	0
		总计	10	/
单选题	12.您觉得在历史教学中运用实物史料合理吗?	A.很合理	8	80
		B.不怎么合理	0	0
		C.不合理	0	0
		D.不知道	0	0
		E.无所谓	2	20
		总计	10	/

第1题的调查结果显示:在10名历史教师中,仅有10%的历史教师选择"非常了解",而选择"大概了解"的历史教师占80%,选择"不怎么了解"的历史教师占了10%。没有历史教师选择"不了解"。由此可知,在实际教学中,该校对实物史料完全了解的历史教师是比较少的,大部分历史教师还停留在大致了解的阶段,还有一小部分历史教师不太了解实物史料。从中可以看出,该校大多数历史教师是缺乏实物史料的相关知识的,这也是实物史料无法在该校

历史教学中得到有效利用的重要原因。从第 3 题中可以看出，历史教师在日常教学中，不会经常使用实物史料进行辅助教学，只有 80% 的历史教师偶尔使用，从没有使用实物史料进行教学的历史教师有 20%。由此可见，在日常教学中，实物史料的使用频率是很低的，这应该引起历史教师的注意，要尽可能去发挥实物史料在教学中的作用和优越性。第 5 题是在历史教学中运用实物史料进行辅助教学的方法，其中选择"设计情境，师生互动"这一方法的历史教师占 30%，选择"呈现史料，学生思考"这一方法的历史教师占 60%，剩下 10% 的历史教师表示会采用"传统的灌输式教学"。由此可见，该校大部分历史教师都不够重视实物史料，他们会选择直接将史料呈现出来，然后让学生自己思考，还有的历史教师认为传统的灌输式教学是更加有效的教学方法。第 6 题关于运用实物史料时间，所有的历史教师都表示时间并不完全够用，有 70% 的历史教师表示如果对时间进行合理安排，时间是够用的，有 20% 的历史教师表示教学时间会因为实物史料的运用变得紧张，还有 10% 的历史教师觉得根本没有时间去运用实物史料。由此可以看出，实物史料的运用会占用很多教学时间。所以，对教学时间进行合理安排是非常重要的，这也是很多历史教师不经常在课堂教学中运用实物史料的重要原因之一。

再看课后作业布置与考试的相关问题。从第 7 题中可以看出，在布置课后作业时"经常涉及"实物史料的教师有 10%，有 60% 的历史教师"偶尔涉及"，30% 的历史教师选择了"从未涉及"。第 8 题，只有 10% 的历史教师选择了"影响很大"，有 50% 的历史教师选择了"有些影响"，有 40% 的历史教师选择了"几乎没影响"，没有人认为"完全没有影响"。通过分析能够看出，该校大部分历史教师认为实物史料知识的缺乏对学生的成绩不会产生太大的影响，因此在日常的教学中，忽视了对实物史料知识的讲解与练习。

二、学生在学习中的使用状况

学生是初中历史教学实践的主体，那么在学习活动中，学生对实物史料的使用情况是怎样的呢？调查结果如表 5-2 所示。

表 5-2 学生问卷调查结果统计

题型	问题	选项内容	人数/个	百分比/%
单选题	1. 了解实物史料吗?	A. 非常了解	13	13
		B. 大概了解	42	42
		C. 不怎么了解	38	38
		D. 不了解	7	7
		总计	100	/
多选题	2. 你所了解的实物史料包含哪些内容?	A. 考古文物	58	28
		B. 传世图片	43	20
		C. 实物图片,音像资料	85	41
		D. 实物教具	23	11
		总计	209	/
多选题	3. 你主要通过什么途径了解实物史料?	A. 历史教师的讲解	85	30
		B. 通过网络	77	27
		C. 通过教辅等辅助性材料	48	17
		D. 图书馆查阅相关资料	30	10.5
		E. 实地考察搜集(博物馆、遗址等)	19	7
		F. 其他途径	25	9
		总计	284	/
单选题	4. 学校的设施设备足以支撑实物史料的运用吗?	A. 可以	23	23
		B. 勉强	36	36
		C. 不可以	15	15
		D. 不知道	26	26
		总计	100	/

题型	问题	选项内容	人数 / 个	百分比 / %
单选题	5. 对待教材中出现的实物史料相关内容，历史教师的处理方法一般是？	A. 充分引导，细致讲解	51	51
		B. 不做过多讲解，有兴趣的同学自己看	46	46
		C. 不做讲解，直接跳过	3	3
		总计	100	/
单选题	6. 在平时上课过程中，历史教师会引用教材之外的资源吗？	A. 经常	50	50
		B. 偶尔	48	48
		C. 从不	2	2
		总计	100	/
单选题	7. 在课堂教学中，历史教师引用过实物史料吗？	A. 经常	36	36
		B. 偶尔	39	39
		C. 很少	17	17
		D. 从不	8	8
		总计	100	/
单选题	8. 历史教师在运用实物史料进行教学时，是否组织过相关实践活动？	A. 有	12	12
		B. 没有	88	88
		总计	100	/
多选题	9. 除了实践活动外，课堂上历史教师一般通过什么途径运用实物史料？	A. 直接展示实物实体	6	3
		B. 多媒体展示实物史料相关图片	86	46
		C. 多媒体展示实物史料相关视频	88	47
		D. 展示实物教具模型	8	4
		总计	188	/

续 表

题型	问题	选项内容	人数 / 个	百分比 / %
单选题	10. 根据上面一题的选项，说出你认为运用最多的方式	A. 直接展示实物实体	4	4
		B. 多媒体展示实物史料相关图片	44	44
		C. 多媒体展示实物史料相关视频	47	47
		D. 展示实物教具模型	5	5
		总计	100	/
单选题	11. 你认为在短暂的课堂中有引用实物史料的时间吗？	A. 有时间	12	12
		B. 合理安排就有时间	70	70
		C. 时间很紧张	15	15
		D. 没时间	3	3
		总计	100	/
单选题	12. 你认为该如何处理教材及练习册上有关实物史料的练习题？	A. 认真听历史教师讲解	65	65
		B. 历史教师讲解时直接写上答案	8	8
		C. 抄同学答案	5	5
		D. 认真阅读分析，独立完成	22	22
		总计	100	/
单选题	13. 在考试中会出现与实物史料相关的题吗？	A. 经常出现	15	15
		B. 偶尔出现	75	75
		C. 几乎没有	9	9
		D. 从未出现	1	1
		总计	100	/

题型	问题	选项内容	人数 / 个	百分比 / %
单选题	14. 如果出现，一般以什么形式?	A. 选择题	62	62
		B. 材料分析题	38	38
		总计	100	/
单选题	15. 你认为实物史料知识的缺乏会对历史成绩产生影响吗?	A. 影响很大	11	11
		B. 有些影响	73	73
		C. 几乎没有影响	12	12
		D. 完全没影响	4	4
		总计	100	/
单选题	16. 你认为自己是否掌握了学习实物史料的最佳方法?	A. 完全掌握	3	3
		B. 基本掌握	31	31
		C. 掌握了一点儿	50	50
		D. 没有掌握	16	16
		总计	100	/
单选题	17. 你认为在历史课堂中进行实物史料的运用是否有意义?	A. 意义重大	54	54
		B. 意义一般，作用不大	31	31
		C. 毫无意义，浪费时间	5	5
		D. 不知道	5	5
		E. 无所谓	5	5
		总计	100	/
单选题	18. 你希望实物史料应用在历史教学中吗?	A. 非常希望	61	61
		B. 一般	30	30
		C. 不希望	5	5
		D. 无所谓	4	4
		总计	100	/

基于问卷调查第 1 题的数据，能够得出结论：在该校这 100 名初中生中，只有 13% 的学生熟知实物史料，但是有 80% 的学生对实物史料只有简单的了解，或是在头脑中仅有一个大致的印象，更甚者，7% 的学生对实物史料完全不了解。可以推测出，实物史料在该校初中一年级的教学中很少出现，绝大部分的学生对实物史料没有一个透彻的理解，完全没有形成概念。可见，在初中历史教学实践中，实物史料的应用效果并不理想。基于对第 1 题的分析，再来分析第 16 题。仅有 3% 的学生感觉自己完全熟悉了学习实物史料的最佳方法，有 81% 的同学认为自己掌握了初级的学习实物史料的方法，还有 16% 的同学认为自己根本没有熟练掌握学习实物史料的方法。这跟第 1 题的分析结果基本一致，即学生在校内并没有熟练掌握实物史料的学习方法，也没有具备一定的实物史料的理论知识。

那么，出现以上结论的原因是什么呢？

首先，分析一下校方的问题。比如第 4 题，从问卷结论能够发现，仅有 23% 的学生认为学校的硬件设施足以满足实物史料教学实践的需求，有 36% 的学生认为刚好满足教学需求，15% 的学生认为不足以满足需求，还有 26% 的学生回复不清楚。可见，校方在实物史料教学方面投入的精力与财力还远远不够，校园硬件设施仅能勉强支撑教学实践，一旦出现突发情况，很有可能就会忽略乃至停止此教学活动的开展。这也是此类教学在课堂上难以进行的一个关键原因。另一方面，从第 11 题的调查结果中也可以看出一些问题。从问卷结果中能够看到，12% 的学生认为在课堂教学实践中引用实物史料有足够时间，70% 的学生认为只要合理安排教学便有时间，仅有 15% 的学生认为时间过于紧张，3% 的学生认为时间完全不够用。由此可见，课堂上开展该教学是科学的且拥有足够时间的，那么没有获得预期效果的原因，主要是时间安排不合理，这与历史教师讲课的安排和对实物史料的关注程度有关，与校方所设置的教学理念、课堂时间以及课程安排的执行也有着密切联系。所以，历史教师与学校应提高对此类教学的关注度，科学安排时间，培养学生的综合能力，丰富学生的知识水平，希望校方能切实推进新课改，科学地开设一些与实物史料相关的课程。

其次，再来分析一下教学层面的问题。比如第 6 题，有 50% 的学生认为日常上课时历史教师会频繁引用教材以外的资源，有 48% 的学生认为很少引用，2% 的学生认为历史教师没有引用。由此可见，该校绝大多数的历史教师局限于传统教学途径，局限于对课本内容的讲解。这是无法促进新课改背景下历史课堂的形成的。但对此教学内容的应用，从第 7 题可以发现，仅有 36% 的学生认为历史教师讲课时常常引入实物史料展开教学，39% 的学生认为很少引用，17% 的学生认为极少引用，8% 的学生认为没有引用。这说明在往常历史课堂上，具备实物史料意识，并且能够很好地使用史料的历史教师并不多见。大部分历史教师尚未形成运用实物史料的教学意识。再分析第 5 题，对待教学材料中所看到的实物史料有关内容，历史教师的处理办法，有 51% 的学生认为是细致讲解，充分引导；有 46% 的学生认为历史教师通常不会过多地进行讲解，有兴趣的学生可以自己看；还有 3% 的学生认为历史教师通常不会讲解这些内容，而是选择跳过。上述数据显示，对于涉及实物史料的问题，仅有 50% 左右的历史教师在仔细处理，还有 50% 左右的历史教师通常不做解决，更不会把课外相关的此类教学知识内容运用到历史教学中。再如第 8 题，历史教师是否组织过相关实践活动。仅有 12% 的学生认为有组织过，但 88% 的学生认为并未组织过。由此可见，该校历史教师并未高效展开相关实践活动。具体原因如下：一方面，校方考虑到学生的生命安全、相关预案的处理与制定以及对于突发事件的处理，不愿意组织实施此类活动。多方面因素造成了该教学活动并没有顺利开展。另一方面，该教学实践，需要严密组织，精心策划。历史教师日常教学任务就极为繁重，若是由其他人员进行组织又恐得不到理想效果，所以历史教师很少组织，甚至不组织。

最后，再来分析一下学生层面对实物史料的反应。针对实物史料，除了历史教师上课的讲解，学生层面最明显的表现是两个部分，即考试与作业练习。比如第 12 题，如何处理与认识练习册上及教材上相关内容的练习题，有 65% 的学生选择"认真听历史教师讲解"，22% 的学生选择"认真阅读分析，独立完成"，仅有 8% 的学生选择"历史教师讲解时直接写上答案"，5% 的学生选择"抄同学答案"。绝大部分学生对有关练习题的态度是极为认真的，仅有一小部分历史教师与学生没有十分重视。第 13、14、15 题是有关考试的问题。从第 13 题中能够发现，有 15% 的学生认为在考试中相关题目频繁出现，75% 的学生认为极少出现，9% 的学生认为几乎没有出现，1% 的学生认为从未出现。然而在第 14 题中，关于实物史料出题的方式，有 62% 的学生选择了选择题，38% 的学生选择了材料分析题。在第 15 题中，有 11% 的学生认为相关内容的缺乏对历史考试成绩影响很大，73% 的学生认为有些影响，12% 的学生认为几乎没有影响，4% 的学生认为完全没影响。结合上述数据，在有关考试的问题上，大多数学生认为实物史料的缺乏对成绩不会造成很大影响，考试中相关内容出现的次数也是有限的，不会产生太大影响。同时，因为课业压力过大，他们指出只要不太影响考试成绩，也无须太过于关注此项内容，花费太多时间，更不用说课后再去研究相关知识与问题了。这也是学生不重视相关内容的缘由。那么，学生的内心深处对实物史料的运用又持一种怎样的态度呢？在第17题中，有54%的学生认为在历史教学中运用实物史料意义重大，31%的学生认为意义一般，作用不大，5%的学生认为毫无意义，浪费时间，5%的学生不知有何作用，5%的学生表示无所谓。然而在第18题中，有61%的学生非常希望把相关内容应用在具体教学中，30%的学生表示一般，5%的学生表示不希望，4%的学生表示无所谓。从以上两题中能够发现，大部分学生还是十分希望把相关内容应用到教学活动中的。初中生正处在青春期，对世界充满了渴望与好奇，实物史料在教学活动中的应用，能够使他们提高学习兴趣，锻炼他们的动手能力与思维能力，进而提高他们学习知识的能力和学习的效率。

第三节　实物史料的应用策略

一、课堂教学中的应用策略

（一）注意实物史料的有效获取

首先，历史教师要尽可能用一手历史资料，即原始历史资料。古语有云：三人成虎。由第三方口述的历史并不一定是历史本身。所以，史料的取得极为关键。史料是连接现在与过去的桥梁，是对历史的一种呈现。史料内容有其独特性，更具真实性，可直接地呈现过去发生事情的实际情况。面对众多的史料内容，历史教师在选择时应该在特定的原则下科学取舍。首先要做的便是对学习情况进行分析，根据初中生的特征，选择恰当的难度，将学生感兴趣的史料内容引入教学课堂展开讲解。

另外，除了课外史料内容的获取，教材上的史料图片等有关内容也应当引起历史教师的注意。教科书作为最主要的教学内容，引用的史料均是经过慎重选择的，对课堂教学活动中学生学习历史的方法的培养以及教学重点与难点的突破至关重要。所以，历史教师需要进一步挖掘教材中史料图片等有关内容背后的历史事实，把这些信息传授给学生，与此同时培养学生挖掘史料背后所蕴藏的知识的基本技能和方法。

（二）运用实物史料精心导入

首因效应是指最初接触到的信息所形成的印象对人们以后的行为活动和评价的影响，在平常的历史教学中，通常集中体现在一节新课的导入方面，历史教师利用实物实现导入，促使学生对学习产生兴趣，进而激发学生对整堂课的热情。

比如，在讲授《原始农耕生活》一课时，历史教师可以用生活中常见的小麦与大米的实物作为切入点引入，进而寻根溯源，引出我国原始农业的进程与借此实现定居模式的河姆渡以及原始半坡居民。此课一般需要借用实物史料完成引入，既可以加深学生印象，促使其产生学习相关知识的浓厚兴趣，又使现实生活与历史的距离更近了。

（三）在课堂中运用实物史料与史学理论结合的教学方法

文献史料在传播中很难完整保存，有的或许已然失去了它的真实性，这时就要借助出土文物来证明其真实性，提高学生"史论结合"的技能。

在学习与研究历史时，在没有准确资料的条件下，不可轻易下结论，需要在精准的实物文献的证明下，对它做出一个真实的判定，实现"论出于史"。历史教师在历史授课中需要向学生宣传此类方法与意识。

在具体历史授课中，最为典型且最重要的莫过于王国维在《古史新证》中提出的"二重证据法"，其具体内容为"吾辈生于今日，幸于纸上之材料外，更得地下之新材料。由此种材料，我辈固得据以补正纸上之材料，亦得证明古书之某部分全为实录，即百家不雅驯之言亦不无表示一面之事实。此'二重证据法'唯在今日始得为之"，意为通过地下挖掘出的古代文献史料与考古实物彼此印证，进而确保其真实性与精准性。

二、实践教学当中的应用策略

（一）历史实物相关的学生活动的开展

在生活当中，不乏众多实物文献的遗留。历史教师可以运用此类资源，进行与之有关的具体实践活动，用来激发学生的学习热情，促进对于历史相关知识的把握。

案例：我有传家宝——"身边的历史"实物展览活动

如今这个时代，人们的生活水平不断提高，历史实物、文献的收藏也在不断增多。此类重要文物，是对历史发展的印证，对于学生学习相关知识有一定的帮助。基于这些，历史教师可以开展"我有传家宝——'身边的历史'实物展览活动"。为顺利进行活动，首先要做好的就是活动策划类工作，要在校园内大力宣传，最大限度地激发学生的主动性。其次是要在最大限度上使学生完成实物的收集、分类、展出以及安全保护工作。最后，要对此次活动进行总结与分析，从而真正实现此次活动举办的目的。在此次活动中，历史教师应该最大限度地发挥学生的主动性，可以借电视节目相关栏目形式，促使学生作为个人所带文物的演讲人，讲一下这件文物究竟为何物以及它的由来、文物身后不为人知的历史故事、它是如何在家族中代代相传的。如此一来，不仅拓宽了学生的知识面，还增强了学生学习历史的兴趣，同时激发学生对国家、家族和社会的热爱之情。在该活动中，学生对自家文物的热情，如祖传的古书、钱币等，庆祝中华人民共和国成立60周年纪念章、抗美援朝纪念章等，对于自家文物中所蕴藏的历史内涵、是如何获得的都需要演讲得既清楚又有激情。如此一来，不只是学生自己的知识水平有所提高，对参观者也有一定的教育意义。

（二）博物馆资源的有效利用

作为关键的课程资源之一，博物馆资源包括众多的实物史料资源，其史料价值相当大。所以，在具体授课中，历史教师需要最大限度地运用好这些资源为教学活动服务。因为博物馆中保存的实物史料很珍贵，所以不能在课堂上进行呈现，所以，历史教师应当转换方式，真实地将初中历史教学与博物馆资源紧密关联起来，处理好博物馆资源的运用与开发。

伴随历史的不断变迁与我国对于优秀传统文化的持续弘扬，博物馆资源逐渐丰富起来，各地开始成立自己的博物馆。比如，位于福州地区的福建省美术馆、福建博物院等，还有福建省革命历史纪念馆、中国船政文化博物馆、福建民俗博物馆、林则徐纪念馆等主题馆。历史教师可以加强与此类博物馆的交流，要求学生完成参观。博物馆的讲解员与初中历史教师合作，把历史教学引入博物馆，借助博物馆讲解员的介绍与对实地实物的参观，达到预期的效果，丰富自身的历史知识。

伴随社会安保管理以及现代交通工具的不断进步，历史教师可以尝试把馆内的有关小型文物带入课堂。如此一来，授课内容将更加具有指向性，历史教师能真正做到把初中历史课堂与博物馆馆藏文物融合在一起，进而使授课内容更加丰富、课堂气氛更加活跃、学生知识水平不断提高，从而提高教学效率。

第四节　实物史料课堂教学案例

本节主要以部编版七年级上册历史教科书第 2 课《原始农耕生活》为例开展教学设计。

一、课标要求

了解半坡居民、河姆渡居民的生活和原始农业的出现，知晓考古发现是获取史前社会生活情况的关键证据。

二、教材分析

此课为第 2 课，主要阐述了国内原始农业发展以及原始社会时期的两个重要遗址的基本情况。本册第 1 课为《中国早期人类的代表——北京人》，第 3 课是《远古的传说》，本课可以说是承上启下的一课。

三、学情分析

七年级的学生刚开始接触历史知识，特殊的心理特征使他们对历史有着强烈的学习热情，通过大量的传播媒介以及书籍、身边长辈的言传身教等了解到一些历史常识。在教学过程中，历史教师可以借助实物图片、实物教具模型、实物实体以及视频等，使学生对历史产生浓厚兴趣，掌握历史学习方法以及相关知识。

四、教学目标

知识与能力：其一，通过观察河姆渡以及半坡遗址的出土文物遗址以及实地图片，提高历史思维能力与实证意识；其二，熟知河姆渡与半坡居民生活的地区、年代以及居住的房屋和特征，生产生活工具、畜牧业以及种植业的发展。

过程与方法：其一，培养学生的探索精神以及动手能力；其二，借助实物图片与实物实体实现问题的设置，提升学生探索的欲望，在问题环节当中寻求知识关键点，最后总结出原始社会文化的特征；其三，借助表格比较的形式，指引学生掌握在对比中探索的方式。

情感态度与价值观：其一，借助原始社会农业的出现和发展，了解我国是全世界最早出现粟与水稻的国家，进而感受中华传统文化的深厚底蕴，体悟农业对人类发展的显著贡献；其二，借助了解半坡以及河姆渡居民的原始生活状态，知晓中国史前百姓对原始社会发展做出的贡献。

五、教学过程

在历史教学过程中使用实物文献，对于激发学生的学习兴趣、培养学生熟知历史的技能、培养学生学习历史的思维能力具有至关重要的作用。在具体教学中使用实物文献，对于历史教师的素质以及时间掌控能力有较高要求。这便要求历史教师要仔细备课，掌握好授课时间。与此同时，历史教师还要做好相关实物图片、实物模型、实物视频资料以及实物实体的事前工作，为课堂授课争取更多时间。

导入新课程：同学们，在我们正式上课前，老师想让你们看一看这两个瓶子中的标本。你们知道是什么吗？对，就是大家在生活中经常会吃的小麦和大米。在我们国家，南方人通常以大米为主食，而北方人多以小麦为主食。那么，为何会形成如此差异呢？小麦与大米又是怎样发展成为如今的样子呢？下面，就请大家带着这个问题，共同来学习这篇课文——半坡居民的生活（原始农耕生活）。

通过展现日常生活当中的小麦与大米标本，设置问题引导学生思考，引起学生的兴趣，便于新课讲授的开展。

教师：首先，大家看一看，我手里拿的是什么？

学生：狗尾巴草。

教师：对，很好，我为什么让大家看狗尾巴草呢？因为大家经常吃的稻米就是从狗尾草演变而来的。下面，我们就来看一下这一历史时期发生的故事。

教师：现在，请大家把教材翻到第9页，看一下我国原始农耕时代重要遗址分布图，然后思考一下，我国原始农耕社会遗址分布的特点有哪些？

学生回答问题。

教师：好，大家回答得非常好，主要集中于河流沿岸地区。

过渡：水自古就是万物之源，且与中华上下五千年文明息息相关，是河流孕育并塑造了新的文明。

我国南方有一条河流叫长江，北方则有一条河流被称为黄河。长江与黄河孕育了中华文明。我国原始社会的遗址众多，这当中最具代表性的，便是南方的长江流域以及北方的黄河流域。

教师：那么，长江流域与黄河流域的原始社会文明的代表是谁？

学生回答问题。

教师：很正确，我们说河姆渡居民是长江流域文明的代表，半坡居民是黄河流域的代表，因为特殊的地理环境与时代背景，他们的生产生活有相似之处也有差异。现在就请大家跟随老师一同走入考古现场，认识一下半坡居民的生产与生活。

教师：1953年，我国的考古学家在陕西省西安市半坡村挖掘出了距今约6 000年的半坡遗址。现在，这里已经被建设成一座遗址博物馆，人们可以在这里了解到半坡居民的居住环境与生活方式。

教师：下面，我们一起来了解一下半坡居民的居住环境。

半坡居民的日常活动场所有壕沟、房屋、窖穴，日常活动场所外有烧制陶器的窑场与公共墓地。

我们能够联想到，那个时期的居民仍然过着氏族部落生活，他们在房屋里生活，用窖穴储备粮食，设置了墓地、制作瓷器的窑场。另外，在活动场地之外还有壕沟，用来与外界隔离，这应当被看作某种防御设备。

教师：接下来，我们再看半坡居民居住的圆形房屋。请大家依据教材第11页，思考一下此类建筑的特征是什么，出现此特征的原因又是什么。

学生回答问题。

教师：此类房屋将所挖坑壁作为墙基，房屋里的木柱以及周边的木柱一起支撑用草木搭建的屋顶，在墙面与居住面都涂抹上草筋泥并进行简单处理，屋里有灶炕。

此类建筑风格与黄河流域的天气状况有着巨大联系。当地春季与秋季温暖，夏季热冬季冷。该风格的建筑优点众多，在冬天能够抵御寒冷，这是因为部分建筑在地下，部分建筑在地上，类似于当代窑洞，冬暖夏凉，还可以抵御野兽的突袭。

教师：大家刚才一起了解了半坡遗址居民的居住状况，我们接着来看他们的日常生活是怎样的。

教师：下面，让我们一同欣赏几张图，看看大家可以从图（图5-1）中获取什么信息。

石器　　　　粟和装粟的陶罐　　　　陶纺轮

鱼纹彩陶盆

图 5-1　半坡居民生产生活用具

学生回答问题。

教师:(1)通过赏析鱼纹彩陶盆能知道半坡居民可以制作陶器,还能画画,由陶罐上的鱼纹图能够知晓他们对渔猎的重视。(2)通过赏析石器,能够看出它的制作极其精良,需要磨制,推断为新石器。(3)通过赏析陶纺轮能够知晓半坡居民可以制作陶器,也许还会制作麻织品。(4)通过赏析粟与装粟的陶罐能知道,半坡居民可以制作陶器、种植粟。

上述教学内容通常以图片与史料为关键途径,解析半坡居民的生活与生产情况。这一形式旨在增强学生的历史感与实证意识,使学生掌握所学习的知识,促使学生了解解析资料的方法。

第六章　乡土史料的应用

第一节　何谓乡土史料

一、乡土的概念

乡土的概念可从人类的群体与个体两个视角出发。从群体视角出发，乡土概念包括两个方面：乡土经验，具体而言就是生活经验，包括乡土文化作用、适应过程以及乡土特性；乡土意识，具体而言就是对故乡土地的思念与眷恋之情，也是乡土的灵魂。[①] 从个体的视角出发，少年时期生活并且久住的地方或一个人出生的地区一般都被称为乡土或故乡。

所以"乡土概念"一定是完整的，即包括人与地两个角度。乡土是家的延伸，乡土情怀通常具有家的感情色彩；个体也因为感官的接触、参与，给乡土风格赋予了某种意义或者产生某种感情，从而形成乡土经验。

二、乡土史的概念

乡土史又被称为地方史，主要是指省、直辖市、自治区所在地区的历史，是对应国家历史来说的。乡土史具有地方属性，它既有民族与地区特色，又是国家历史的组成部分之一。初中历史中涉及的中国历史，主要讲述的是国家历史的发展走向，不会对全国各地区的历史进行介绍。因此，历史教师在历史授课中讲授全国历史的同时，可以有选择地穿插一些地方史的教学内容。乡土史的主要特点是可以帮助学生更好地了解自己土生土长的这片土地，让他们更加

---

① 刘云．让学生在乡土史料中理解、思考和提升 [J].中国教育技术装备，2014(17)：60-61.

热爱这里。乡土史的具体内容涉及文化传统、名胜古迹、历史沿革、重要事件与人物、革命遗址、风土民俗等。实施乡土史授课，既是贯彻落实"由近及远"的授课实践措施，也是使学生热爱家乡和热爱祖国的有效方法，更是对历史教材的具象化与补充。我们周边全是以往的遗迹，若是可以见到它，哪怕仅是局部见到，或直接碰触它、感受它，对于发展爱护历史、爱护祖国的感情也具有极为重要的意义。为了帮助青少年感受历史，历史教师阐述中国历史时，应该在适当的地方加入一定的地方文献史料，好像以插图的方式注解似的。①

三、乡土史料的概念

《现代汉语词典》解释乡土为本乡本土；《辞海》中乡土指家乡、故乡，亦泛指地方。《列子·天瑞》中有一句："有人去乡土，离六亲。"这里乡土就是家乡、故乡。乡土是自然和文化综合的生活环境，包含自然、人文等许多关系，足以陶冶人们特殊的思想和感情。而乡土史料是依据本省、本地区的考古发掘文物或者文献资料，经梳理改编而成的用于授课的文字资料。教学活动证实，乡土史料文献是学生在中小学阶段必须学习的内容，是历史教学不可缺少的一部分。

对于研究乡土史而言，值得注意的有两类文字史料。一是地方志。地方志就是按照一定的体例，全方位记录某一区域某一阶段的经济、政治、文化、社会、自然等情况的史料文献，内容包括疆域、沿革、户口、财政、教育、民族、风俗等。其记载详细，内容广泛，是研究地方史的第一手资料，有极其重要的价值。因此，可以说地方志是编写乡土教材的重要来源和依据。二是家谱。家谱是一种借助表谱方式，记录一个以血缘关系为主体的家族代代繁衍与关键人物故事的独特书籍体裁。从它的内容来说，家谱是最具有百姓特征的历史文献，是某一家族的历史发展记录。借助家谱，人们可以较为清晰地认识当时的社会风尚、时代精神以及历史面貌，认识当时历史时代下百姓的生活与生产状况。家谱是与地方志、正史同样重要的历史参考书籍，是历史学的关键组成因素之一。因此，若将乡土史料引入教学当中，家谱也有不可忽视的作用。不过，在初中历史教学中，由于受到一些条件的限制，考虑到教学的可操作性，乡土史料进入课堂，其主要是以文字、图片、表格的形式，通过板书或

---

① 陈庆宁，魏宗芳.乡土历史资源在历史教学中的运用和作用[J].佳木斯职业学院学报，2018(8): 104.

多媒体应用呈现在学生面前。[①]从内容上的要求来看，乡土史料的内容是科学、健康、积极向上的，有利于学生学习与发展。因此，乡土史料的选择和确定应该是以课程标准和初中生心理发展规律为依据的。乡土史料在意识形态和精神层面具有熏陶作用，因此乡土史料选择的内容要反映某一特定区域、特定范围内群众的文化心理，是为大众所熟悉和感到亲切的。

第二节　福建当地的乡土资源

一、乡土资源——福州

福州 2 000 年来的发展史积攒了丰富的文化底蕴，遗留了许多历史遗址、实物以及历史文献等。本书为了最大限度地与历史课程融合，把福州乡土史的内容大致分成五大类，即历史遗址、历史名人、文献文物、非物质文化遗产和其他资源。

（一）历史遗址

历史遗址具有重要的意义，它既是人类发展的印证，又是人类进行社会生活的场所。该书的网络查询与田野调查涉及福州市 30 多处历史遗迹，其中与历史课本关系较为密切的内容如下：

壳丘头文化遗址：本遗址地处福建省平潭县平原镇南垄村东北，占地面积 3 000 多平方米。20 世纪 80 年代中期，福建省考古队展开挖掘，共发现 1 座墓葬与 21 个贝壳堆积坑，出土文物包括磨制石器、贝器、打制石器、陶器、骨器、玉器等共计 200 多件，还有 1 000 多片陶片实物标本。该遗址被判定为新石器时代的居民遗址，为福建省至今发掘出的最早的文化遗迹。

昙石山文化：本文化源于昙石山历史遗址。昙石山历史遗址位于闽江的下游地带，是高于闽江 20 多米的长方形土岗，遗址附近便是由于闽江冲击而形成的平原地带。从该地挖掘出的文物包括骨器、贝制器、石器等生产工具。此外，还有墓葬以及烧制陶器的窑厂等，显现出先秦时期古闽族人民的日常生活

---

① 　唐永霞. 乡土历史在《中华人民共和国史》课教学中的运用：以陇中地区乡土历史为例[J].
甘肃高师学报，2013, 18(3): 116−119.

状况，是东南地区极具典型性的新石器遗迹之一，同时是福建省古代文化的发源地。

三坊七巷：三坊七巷的建筑群主要由三个部分组成，即一条中轴街肆、三个坊以及七条巷，位于福州市的鼓楼区。从汉朝开始，福州先后六次建设城垣，城市格局从北向南延伸，把屏山当作屏障，慢慢构成如今的三坊七巷。其建筑风格与格局基本延续至今，反映出我国古代明清建筑风格以及里坊制度的内容。此地自古英雄辈出，有众多历史名人来自这里，如林旭、林觉民、林则徐、严复、沈葆桢等，他们都是我国近代史上深具独特人格魅力的历史人物。该地产生的文化自然成为初中生学习历史的优质素材。

福州马尾船政文化遗址：该遗址位于福建省福州市的马尾区，被誉为我国近代海军的摇篮，同时是我国近代工业的发源地。鸦片战争之后，清王朝为富国强兵开展洋务运动，1866年派沈葆桢、左宗棠在马尾开办船政。这之后的40多年，船政在中国近代的新式教育、海权建设、工业制造、中西方文化交流、科学技术等领域取得耀眼成绩，对我国向近代化发展起到重要推动作用。

（二）历史名人

历史名人是在我国历史发展长河中留下印迹甚至对社会进步起到推波助澜作用的人物，是人类历史的关键组成部分，因此对历史名人展开评价也有利于对人类社会的发展进行研究。笔者查阅吴仲柱的《福州名人与百年救亡》、黄国盛和林公武的《近现代福州名人》等文献，运用读秀数据库等网络信息渠道，介绍了与历史授课密切相关的福州历史著名人物。

王审知（862—925年）：字信通，号详卿，今河南固始人。唐代末年战乱中他弃农从军，之后一直做到福建观察使。后梁开平三年，王审知任闽王、中书令。在治理福建时期，王审知任用贤能之士，减少苛酷刑法，降低税收，减轻徭役，使得百姓能够休养生息。同时，他重视教育，爱惜人才，为之后福州被评为"进士之乡"奠定了重要基础。他离世后被葬于福州北郊，直至今日当地人仍然会去缅怀他。

陈振龙（约1543—1619年）：福州市长乐人，因厌倦科举弃儒从商，后赴吕宋（今菲律宾）经商。1593年，福建遇到旱灾，粮食不足。陈振龙在吕宋见到了一种优质的农作物——朱薯，既可生吃又可熟吃，耐旱易生长。陈振龙情系故乡，想方设法种朱薯，使福建的粮食紧缺现象得到缓解。清朝道光年间，福州人为了缅怀陈振龙，在乌石山建立了"先薯亭"。

叶向高（1559—1627 年）：福清人，字进卿，明代政治家。叶向高历仕三朝，两次进入中枢机构，首辅四载，独相七年，是明代末期著名的政治人物。叶向高担任要职时，国运日渐衰退，腐败现象严重，暴政随处可见。叶向高成为首辅时，明神宗消极怠政，叶向高多次谏言均未被采用；辅佐明熹宗之时，东林党与以魏忠贤为首的阉党间爆发激战，他多次要求魏忠贤终止此行为，几次拯救被阉党所害的东林党人。他为人刚正不阿，谨慎多思，世人对其评价很高。

林则徐（1785—1850 年）：清朝乾隆五十年出生于今天的福州市左营司，是我国近代伟大的民族英雄和著名的爱国主义志士。清朝嘉庆十六年考中进士，先进入翰林院，之后又分别在湖北、浙江、江苏等地任职。在职期间，他对内兴修水利、清理积案、赈济灾民，重视经济发展，为百姓做了不少好事；对外采取一系列措施开展了轰轰烈烈的禁烟运动，有力打击了外国侵略者。除此之外，他也是中国近代史上睁眼看世界的第一人，他主张学习西方先进技术，并提出“师夷长技以制夷”的策略。林则徐还主持编译了《四洲志》《华事夷言》等书籍。之后，福州人民为了缅怀他，在三坊七巷建立了林则徐纪念馆。

沈葆桢（1820—1879 年）：原名沈振宗，福州人，字幼丹。27 岁考中进士，历任江西九江知府、翰林院庶吉士、江南道监察御史。1855 年，他被调至今天的上饶担任知府，之后升任为吉南赣宁兵备道，帮助举办江西省的团练活动。1862 年，他升迁至江西巡抚。1866 年，任总理船政大臣，主抓马尾造船厂工作。1874 年，他奉旨办理多地海防及各个国家事务大臣相关事宜。第二年调任两江总督兼督办南洋海军事宜。1879 年底离世。沈葆桢一生最为耀眼的成绩便是创办学堂、办理福建船政、制造兵船，为培育科学技术人才、巩固海防做出了突出贡献，是我国近代海军事业的奠基人之一。

严复（1854—1921 年）：今福建福州闽侯县人，字几道、又陵，是我国近代著名的翻译家、资产阶级启蒙思想家。1866 年，他以第一名的优异成绩考进福州船政学堂，是该学堂首批赶赴英国留学的学生。甲午战争的失利，使得严复深受打击。他批判“西学中用”的思想，大力主张“从西学入手”，推进维新运动来拯救中国。严复在戊戌变法时期，先后翻译了斯宾塞的《群学肄言》、孟德斯鸠的《法意》、赫胥黎的《天演论》、亚当·斯密的《原富》等，较为全面地介绍了西方国家的法律、经济、政治、逻辑以及哲学等领域的最新研究成果，是我国近代第一位较为全面翻译与介绍西方资产阶级思想的思想家。

　　林旭（1875—1898 年）：今福建省福州市闽侯县人，字暾谷，号晚翠。沈葆桢的孙女婿。他于1893年考中举人，1895年任内阁中书。1898年，他提倡建立闽学会，和浙、陕、蜀、粤各学会遥相呼应，推进维新运动。之后被授四品卿衔军机章京，参与新政相关事宜，这期间上书建言献策颇多，光绪帝诏书大量出自他手。戊戌运动时，和谭嗣同等人一起被杀害，是"戊戌六君子"之一。

　　林觉民（1887—1911 年）：今福建福州人，字意洞。少年时期，他就爱钻研新学说，之后创办阅报所，主动阅读《警世钟》《苏报》等先进书籍报纸。1907年，他到日本留学并参加同盟会，大力宣扬通过革命方式推翻清王朝的统治。1911年，在广州起义爆发前，他接受命令返回福建，组织大量爱国人士潜入广州，参与由黄兴带领的先锋队组织。在起义爆发前，他撰写《与妻诀别书》，将视死如归的革命精神与和妻子的纯洁爱情结合起来。广州起义宣告失败后，林觉民不畏惧权贵，英勇就义时年仅25岁。他的故居现在被辟为辛亥革命纪念馆。

　　侯德榜（1890—1974 年）：今福建福州市闽侯县人，字致本，名启荣，世界著名制碱专家，中国近代著名的化学家。年少时，他曾经到美国留学，于1920年获得哥伦比亚大学研究院化学工程博士学位。回国之后他和范旭东一起创建了中国首家制碱工厂，此工厂制造的"红三角"牌纯碱在1926年获得美国费城万国博览会的金质奖章。1932年，其撰写的《制碱》在美发行，这也是全球首部关于制碱的书籍。侯德榜发明的"侯氏制碱法"既能制碱又能生产化肥，乃世界首创。他为我国乃至世界的制碱工业发展做出了突出贡献。

　　王荷波（1882—1927 年）：今福建省福州市闽侯县人，原名王灼华。他的幼年生活十分艰苦，由于家境贫寒，他的姐妹都被送往教会的育婴堂，他也在19岁时开始在各地打工挣钱养活自己。之后，王荷波一直致力于组织领导工人运动，为劳苦大众谋取福利。1922年，他加入中国共产党，有幸成为中国共产党早期的领导者之一。1927年，他不畏时局动荡，坚持反对国民党新军阀以及北洋军阀，后遭人出卖，被军阀捕获，面对严刑拷打，王荷波不肯低头，最终被迫害致死。

　　冰心（1900—1999 年）：福建长乐人，原名谢婉莹，我国当代著名文学家。她生在乱世，但选择奋发图强，曾经游历多国。冰心一生有多部作品，包括诗集《春水》、译文《印度童话集》以及散文集《寄小读者》等，是我国当代文学界的先锋人物之一。

（三）文献文物

历史文献：教材辅助资料的一种，一定程度上引用历史资源在初中历史授课中具有显著意义。比如，可以提升学生对于历史学习的理解与领悟能力，提高其分析与解决问题的积极性；弥补课程辅助材料不足，丰富课堂；等等。地方志、历史年鉴表、回忆录、地图册、口述史、人物传记、历史档案等均属于历史文献资料的范畴，地方发行的杂志报刊、乡土史教材以及乡土风俗出版物等则是一般文献资料。在运用历史文献资料的时候，首先要做的就是鉴别其历史价值。福州地区的相关资料不计其数，一些优秀的资料可以被用于教学。比如，《福州民俗文化述略》《闽都古韵》《福州乡土文化汇编》《福州名园史影》《八闽胜迹》等乡土风俗文化出版物，《福建通史》《闽书》《闽中记》《闽县乡土志》《平潭县志》《福州府志》等地方志，《福州历史》《可爱的福州丛书》等系列乡土历史文化教材。这些文学著作与文献在进一步丰富乡土史材料的同时，也为初中历史乡土史的教学扩充内容。

历史文物：它是人类社会宝贵的文化遗产，是人类在悠悠历史长河中留下的印迹，每个阶段的历史文物都是该阶段人类社会发展情况的真实写照，人们能够借助文物了解历史，不用展开复杂联想。运用文物开发福州当地历史教学材料益处颇多：一是借助乡土史的文物展开教学，能使学生在了解教材内容后，对教材相关知识的掌握与理解更加深刻；二是赋予学生熟练知晓的历史常识的全新方式，促使它的直观性与时代感更加强烈，能够消除时间与空间的距离感，使学生更易理解领悟。

文物一般来说分为馆藏文物与一般文物。馆藏文物主要是指收藏于博物馆或其他收藏文物的单位以及档案馆的极具历史价值的文物。如今，福建省能运用的史料资源包括福清革命历史纪念碑、福建博物院、福建省图书馆、福建省档案馆、历史人物勤廉馆、福建省革命历史纪念馆、福州历史文化长廊、福州市博物馆等。参观此类历史文物与馆藏文物，能够提高真实感，使乡土史材料更加贴近生活，有利于学生理解历史。

（四）非物质文化遗产

脱胎漆器：与角梳、油纸伞一并被誉为福州三宝。清朝乾隆时期由制漆工匠沈绍安（1767—1835年）发明创造，是雕漆艺术与脱胎技艺融合的产物。它的质地坚固轻巧，纹理秀丽清晰，造型典雅古朴，色彩明亮鲜艳，自成一派。清朝宣统二年之后，脱胎漆器多次在博览会中荣获奖项，被誉为"东方珍品"。

寿山石雕：是国家级非物质文化遗产之一，是福州市传统民间艺术之一。其始创年份伴随考古发现不断向前推进，目前能够确定的是它在明清时期达到了鼎盛。它采用原始石头进行雕刻，但每一块石头都有自己的特点，不同的工匠艺人手艺与构思也都不同，所以，每一块成型的寿山石雕均有其独特性与唯一性，并且具有相当高的艺术价值。长期以来，因为文人墨客的推崇和工匠艺人的精雕细刻，寿山石雕逐渐成为福州名片之一，也逐渐衍生为寿山石文化。

软木画：始创于 20 世纪初，是由那个时期居住在福州的工匠艺人陈春润、吴启棋等人共同发明的。其关键原材料是栓皮栎树的木栓层软木，具有柔韧性较好、不容易变形、质地松软等特点。因为栓皮栎大部分情况下产于阿拉伯、葡萄牙以及西班牙等地，较难获得，因此相较于其他的文化艺术品，软木画更显得弥足珍贵。

闽剧：又称为福州戏，是福建戏曲剧种的主要组成部分，距今有 400 余年的历史，在闽北、闽东、闽中等说福州方言的地域广为流传。唐朝时期，福州便有歌舞百戏的表演；南宋时期，更是有把福州民间小调当作曲牌的词；明朝时期，随着弋阳腔、昆山腔流入福州，闽剧慢慢兴起。其在发展当中，不仅吸取了外省戏曲的演出艺术形式，同时吸收了本省地方戏曲的精华。闽剧表演形式丰富多彩，颇具本土特色，深受广大居民的喜爱。

（五）其他资源

人力资源：指福州地区内部能够为初中历史教学提供资源，并且有利于学生借助历史资源学习者，具体包括参与人类历史发展的见证者、认识社会演进的学者与历史专家等，对历史有自己的看法，从而增加学生对于福州地域相关历史信息的了解。

网络资源：乡土史材料的运用由于网络的发展而变得更加便捷，福州区域的乡土史课程材料能够通过电子资源的形式来呈现，如博物馆资源网、历史纪录片、图片影视、图书馆资源网、历史资料数据库以及多媒体课件等。福州地域的相关课程在教学与研究当中导入网络资源，不仅能够使教学形式更加多元化，还有利于学生理解历史知识。

旅游资源：福州人杰地灵，是我国出众的旅游城市，有许多历史遗址、名山、园林、寺庙以及名人故居，具有与滨海滨江城市以及山水园林与众不同的风貌。国家级重点景区有青云山、十八重溪、鼓山、平潭国际旅游岛等，还有被誉为福州碑林的鼓山摩崖石刻、琅琊郡王德政碑、华林寺、记载明代郑和航海史料的"天妃灵应之记"碑、乌山摩崖石刻等,除此之外,还有百余处历史名胜古迹。科学运用旅游资源,能够在增强学生对历史的认知的同时,提高学生保护自然环境的意识,提升学生的审美。

二、乡土资源——泉州

泉州是国家第一批正式对外公布的历史文化名城之一,民族文化底蕴深厚,素有"海滨邹鲁"之称。从魏晋南北朝时期开始,国内外文明的互动交融便已出现,世界多样化文化在此地汇聚,文化的种子也在这里代代繁衍,这里培育出众多优秀人才、历史名人,遗存了众多的历史文化史料。由于泉州当地具有丰富的历史文化,若是仅依照上述几种形式,恐怕无法精确分类,可根据以下因素进行精细分类。

(一)实物资源

泉州历史源远流长,有众多文物与古迹,如古塔、古街巷、古窑址、风景名胜区、革命遗址、古民居、古桥梁、古渡头、古窑址、古桥梁、石刻与造像等。这些宝贵历史遗产,是泉州多样文化的印证,向世人讲述着它们不为人知的故事。

1. 古街巷与古民居

(1)古街巷。泉州古城区有着众多颇具文化特色的古街巷,它们纵横交错,如金鱼巷、聚宝街、中山街、状元街、西街、梅石街、北门街、县后街、模范巷、都督第巷、青龙巷、米仓巷、相公巷、古榕巷、东鲁巷、庄府巷、镇抚巷、奉圣巷、礼让巷、台魁巷、旧馆驿巷、孝感巷、甲第巷等,每一条街巷均有着一段古老的故事。下面就几条较为经典的古街巷进行介绍。

西街是泉州最具代表性的古街巷之一,早在宋代,它就已经见证了泉州港的繁华。此条街巷的文物遗址、古宗祠、名人故居等与小街巷纵横交错,这当中最具代表性的便是旧馆驿巷。旧馆驿巷长约200米,曾经是元朝时期某驿站的旧址。街巷当中有明嘉靖年间户部侍郎庄国桢、御史汪旦的府第;有天室池、水陆寺、南外宗正司、明代染织房、元代驿站;有嘉庆年间进士杨滨海的故居,有清道光年间翰林龚维琳胞弟举人龚维琨、刑部主事王海文、清末状元吴鲁的读书处;有汪氏宗祠,还有一些近代著名的民居。

中山路是泉州市的文物保护单位之一。它是一条传统的商业街,贯穿城市南北,从威远楼到新桥头,宽10~12米,全长2 496米,始于20世纪20年代初期。沿街建筑鳞次栉比，多是廊柱式骑楼，彰显了东西方文化交融的建筑风格。

花巷，又名蒙古巷。该街巷过去是专供蒙古军队驻扎的场所，由此得名"蒙古巷"。元代之后，根据闽南语谐音称作"梦米果巷"，又称"卖米果巷"。遇到婚丧嫁娶，这里的妇女便在头上戴朵花，这一时期泉州扎花技艺处于鼎盛时期。因为古街巷有许多扎花店，由此得名"花巷"。

（2）古民居。李贽故居属于省级文物保护单位，地处鲤城区南门万寿路。李贽在这里度过了 30 个春秋才离开家乡远赴河南当教师。清朝同治时期，修缮房子时，大厅右侧挖掘出他的石质印章。如今，此处是李贽纪念馆，馆中详细介绍了李贽的生平事迹以及相关书籍。

湖头贤良祠是省级文物保护单位，地处安溪县第三中学内。清朝康熙二十四年建成，是李光地故居，又被称为"榕树书屋"。厅堂内镶嵌有康熙御书"太极图说"等古代诗文石刻，该处还有一方雍正的碑刻《谕祭文碑》。18世纪 70 年代初期，这里更名为"贤良祠"。

2. 古寺庙

泉州被当地人称为"宗教博物馆"，这里有许多宗教历史遗迹，有伊斯兰教、印度教、佛教、道教、基督教、摩尼教的历史遗存。比如，开元寺、苏夫人姑庙、元妙观、府文庙、天后宫、龙山寺、安溪县文庙、真武庙、沙格灵慈宫、崇福寺、延福寺、青山宫、清净寺、雪峰寺、安固石亭、清水岩、永宁城隍庙、永春文庙、承天寺。下面对经典性的古寺庙进行介绍。

开元寺，始建于公元 686 年，属于全国重点文物保护单位。该建筑的中轴线由大雄宝殿、紫云屏、拜亭、山门、藏经阁、甘露戒坛组成。大殿西侧有水陆寺、功德堂、尊圣院，东侧有弘一法师纪念馆以及泉州佛教博物馆。该大殿的前方立有一座大石塔，寺院内有一株千年以上的古桑树。这座大殿被称为百柱殿，内奉 7.05 米高的佛像五座，斗拱雕有"飞天乐伎"，跟敦煌莫高窟壁画上的飞天极为相像。大雄宝殿月台须弥座的束腰部位有 73 方狮子与狮身人面的浮雕，寺庙内多个地点彰显了外来的印度教与佛教的结合。

府文庙，在唐代开元年间建成，北宋太平兴国迁址此处，是全国重点文物保护单位。公元 1137 年重新建造左学右庙，公元 1201 年建设棂星门，规章制度逐渐完善。该大殿的主体建筑是大成殿，它是宋朝典型的重檐庑殿式结构，正面有浮雕盘龙檐柱 6 根，用 48 根石柱承托。

清净寺，公元 1009 年建成，是全国重点文物保护单位，又称圣友寺。

3. 古塔

泉州古塔当中最为著名的是东西塔。西塔在公元 916 年建成，又被称为仁寿塔，之后改建为砖塔，13 世纪 30 年代改建为石塔，塔总高 45.06 米。除此之外，泉州古塔还有诗山塔、石狮姑嫂塔等。东塔又被称为镇国塔，是我国四大古塔之一。公元 805 年刚建成时为木塔，之后修建为砖塔，13 世纪中期又更名为花岗岩石塔，塔总高 48.27 米。

4. 古桥梁

泉州向来以"闽中桥梁甲天下，泉州桥梁甲闽中"被世人所知，历史记载泉州建造桥梁 275 座，这当中两宋时期建成 106 座。泉州的桥梁既长又多，其筑桥技艺在我国桥梁史上位居前列。

这当中最为著名的应属安平桥与洛阳桥。安平桥，又称五里桥，公元 1138 年建成，全长 2 070 米，地处南安水头镇与晋江市安海镇的海湾之上，是我国现存古代最长的石桥，桥中亭有"世间有佛宗斯佛，天下无桥长此桥"的石刻楹联。洛阳桥，11 世纪初期由泉州郡守蔡襄主持建造而成，是我国第一座跨海梁式石桥。

5. 古遗址

泉州有许多古代遗址，具体包括来远驿遗址、摩尼教遗址草庵、德济门遗址、泉州古城遗址、深沪湾海底古森林遗址、招贤院遗址、南少林寺遗址、泉州市舶司遗址、闽国铸钱遗址等。

6. 图书馆与博物馆

图书馆：泉州市图书馆新馆、晋江市少年儿童图书馆、泉州工人文化宫图书馆、泉州市图书馆、石狮市文林图书馆、晋江市图书馆等。此外，还包括部分小书店，如风雅颂书局、芥子书屋等。

博物馆：泉州非物质文化遗产博物馆、泉州佛教博物馆、泉州博物馆、中国闽台缘博物馆、泉州海外交通史博物馆、德化陶瓷博物馆、晋江市博物馆、泉州华侨历史博物馆等，不同的博物馆有其独特属性。

（二）文字资源

泉州文化底蕴丰厚，历史源远流长，名著众多，被称为"四海人文第一邦"，所以有着极为丰富的文字史料。其中有关泉州的研究论文汇编有《学术泉州》《泉州文史资料》《泉州学与地方学研究》。历史档案、历史文人著作、历史档案有《民国时期泉州华侨档案史料》《中共泉州地方史大事记》等。历史文人著作有古人李贽的《童心说》、黄克晦的《吾野诗集》、刘涛的《灵泉山人诗集》、卢琦的《圭峰集》等，有今人陈瑞统的《潮声》等诗集和黄远的《总有一天》、司马文森的《风雨桐江》、李树砥的《山林的儿子》等小说。历史地方志有《泉州史事纪实》《泉州市志》《历史名城泉州》以及《南安县志》《安溪县志》等各县县志。

（三）口传资源

口传资源主要指口口相传的乡土历史资源，人们能够借助录像、录音等现代化高科技设备，把历史事件的目击者以及当事人的回忆储存下来进而构成证据。泉州历史文化遗产众多，有相当多的资源主要通过口口相传得以留存。比如，泉州讲古；泉州的非物质文化遗产，如泉州踢球舞、晋江布袋木偶戏、高甲戏、泉州南音、梨园戏、打城戏、泉州提线木偶戏等；泉州方言闽南语，被誉为古代汉语的活化石。

（四）网络等其他资源

互联网资源有泉州历史微信公众号、历史网站、历史电视剧、历史纪录片等。历史纪录片包括《海丝泉州》《泉州西街》《泉州味道》《光明之城——泉州》《穿越海上丝绸之路》等。有关网站包括泉州旅游资讯网、泉州历史网、泉州网。

泉州历史微信公众号：泉州旅游、泉州华侨历史博物馆、泉州历史文化中心、泉州讲古等。

三、乡土资源——漳州

（一）名人资源

漳州地处闽粤交汇处，位于福建省南部地区，与台湾海峡相邻，有着"海滨邹鲁"之称。这里物阜民丰、气候宜人、山青水碧。优越的天然环境，为人类发展创造了极为重要的物质前提。

早在一万年前便有先民在这里繁衍生息。考古发现的新石器时代历史遗址证实，在四五千年前，这里已然具备一定的文明水平。公元669年，陈元光、陈政父子奉旨进入福建平息南方少数民族的聚众作乱。公元686年，漳州建立州。这之后闽越文化与中原文化在此处交融，文明高度发展。在这人杰地灵的地方涌现出众多深具影响力和代表性的历史名人。

漳州是我国的历史名城，至今已有1300多年的历史，可以说文化底蕴极为深厚，历史上人才辈出：从能工巧匠到文苑名家，从理学宗师到仕人学范，从英雄豪杰到革命烈士……每个行业都涌现出很多优秀人才，数不胜数：唐代有著名诗人潘存实、周匡物，有做官为民的颜师鲁；宋代有理学大师朱熹和他的徒弟陈淳、王遇；元朝有建立书院、弘扬理学的黄元渊，有抗暴元、兴义兵的陈吊眼；明朝有"开台王"颜思齐，有《东西洋考》的作者张燮，有集学者、诗人、忠贤与书画名家等身份于一身的文化巨匠黄道周；清朝有文华殿大学士蔡新，有以《庄氏算学》闻名于世的庄亨阳，有抗日英雄简大狮，有抗法英雄林朝栋；近代有"两脚踏中西文化，一心评宇宙文章"的文学家林语堂，有中国神经外科奠基人赵以成，有天文学家戴文赛，有著名散文家、小说家许地山，以及画坛三杰沈福文、沈柔坚、周碧初……他们长在漳州或是生在漳州，从这里汲取了丰富的营养，在各自的领域创造出非凡的成就。

（二）茶文化资源

漳州自古便是文化古城，它流传下来的茶文化更是为人们所喜爱。人们可以在漳州的大街小巷见到风格各异的茶馆，这里品茶之风盛行，足以证明茶文化已经在这里扎根，并且已经渗透进百姓生活当中。

游客能在这里感受深厚的茶文化历史底蕴，与此同时，还可以观看、学习茶艺，亲身体验采集茶叶、制作茶叶以及品尝自制茶叶的乐趣，真实体验"茶文化一站式服务"。

漳州盛产茶叶，品茶的习俗早有流传。据史料统计，早在公元 659 年唐高宗统治时期，天竺岩寺僧人便开始大量生产天竺岩茶。公元 686 年武则天统治时期，陈元光被批准在潮州与泉州中间建立漳州。陈元光带领的部队将饮茶种茶的习俗带入此地。另据《华安县志》记载："据传唐代开始，仙都、华丰已有产茶。"漳州市华安县华丰镇古时候被称为"茶烘"，就是茶乡的意思。

宋朝之后关于漳州茶叶的史料越来越丰富。宋代《太平寰宇记》中写道："漳州土产腊茶。"另外，公元 1178 年的史料《临漳志序》提到漳州丰饶的物产时说："其所以衣食给用者则入有粮、棉……茗之类。"此外还有当时任漳州通判的王祎在《清漳十咏》中写的："麦收正月尽，茶摘上元前。"以上史料都印证了宋代漳州茶文化的盛行。

明代之后，漳州茶叶商家最先创新制作了乌龙茶，明末清初阮文锡的著作《安溪茶歌》中提及"迩来武夷漳人制"的观点。乌龙茶的制作工艺很快被安溪、武夷山等种茶地区效仿，成为福建种茶地区的关键制茶技艺。那时，武夷山的茶叶小作坊当中，有很多来自漳州的制茶工匠，他们不仅有制作茶叶的技艺，同时对于喝茶也很讲究。他们将岩茶以及冲泡的制作方法带回到漳州，形成漳州的茶文化。那时漳州生产的茶叶不只经常出现在百姓生活中，而且被列入贡品行列。《龙溪县志》《长泰县志》《南靖县志》等都有进贡茶叶的史料记载。

明朝中期，东南沿海区域最大的港口月港，极大地促进了漳州制茶工艺的发展，每年均有大量的茶叶从此处销往东南亚地区。明末清初，漳州已然变成了东南沿海区域关键的茶叶生产基地，吸引众多东西方人的目光。

清朝之后，漳州区域茶文化盛行，它的烹茶方法——功夫茶艺举世闻名。清朝初期，永安知县彭光斗路过漳州的时候，就曾亲身体验过当地的功夫茶。他还曾在《闽琐记》当中写道："罢后去省，道过龙溪，邂逅竹园中，遇一野叟，延入旁室。地炉活火，烹沁透心脾。叩之乃真武夷也。客闽三载，只领略一次，殊愧此叟也。"大量的史料文献证实，漳州地区是功夫茶的发祥地之一。部分茶学领域专家提出，紫砂壶进入漳州一带之后与乌龙茶彼此成就，漳州当地爱品茶之人对其如痴如醉，每天都会玩赏与研究泡茶技艺，为功夫茶形式的丰富做出了突出贡献。

清朝末期，漳州茶叶经贸活动盛行。清光绪统治时期，漳州市出现"百年老铺"——瑞苑、奇苑等茶庄，他们不只在漳州设店，还在厦门开设了分庄，其茶叶也陆续销往东南亚等国家。

伴随茶叶贸易与生产的出现与发展，品茗成为漳州的一种社会风尚，进而演变为深具漳州本土特色的茶文化。

（三）美食资源

漳州当地的美食品种众多，历史悠远。特色食品类的土特产有漳浦龙眼干、漳浦翰林糕、漳浦杜浔酥糖、南胜麻枣、平和小溪枕头饼、龙海白水贡糖、平和大溪豆干、龙海双糕润等。水产肉蛋类的土特产有东山鱿鱼、东山巴浪鱼、平和南胜咸水鸭、漳浦县前亭珠蚶、前亭沙虾、沙西红鲟、沙西血鳗、东山鲍鱼、云霄县东厦缢蛏、古雷扇贝、旧镇白鳗、龙海金定鸭、兰花鲜鲍鱼、漳浦海带、竹塔泥蚶、漳浦趴趴跑土猪、漳江口大蚝、将军山烧窑鸡等。

（四）土楼资源

漳州市所管辖的诏安、华安、漳浦、南靖、云霄、平和等县都有土楼分布。据统计，漳州市土楼多达一万多座，空间造型与平面形式多种多样，其中包括围裙形、圆形、椭圆形、弧形、方形、马蹄形、半月形、交椅形、八卦形、曲尺形、凸字形等大小不一、多种多样的土楼，具有典雅且古朴的古建筑魅力。这些土楼仿若凝固的音乐、立体的画、跳动的舞姿、无声的诗歌，构成了一幅秀美的漳州山村风景画，具有独特的建筑特色与人文风貌。

位于华安县仙都镇的"二宜楼"，是福建当地圆楼的代表性建筑，它是一座单元式建筑，是极为少见的建筑珍品。据记载，"二宜楼"公元1770年建成，1966年被国务院批准成为全国重点文物保护单位。1964年9月，画家蒋承侨在某报纸上发表了《仙都二宜楼巡礼》一文之后，这里便被世人周知，目前已经有大批海内外专家学者前往此地进行参观考察、摄影、调研或者测绘，先后发表众多极具研究价值的科研成果与论文。1999年，漳州生态环境旅游年开幕式在"二宜楼"举办。目前，"二宜楼"已经成为漳州的著名旅游景点，也是华安县的民俗馆。

南靖田螺坑是福建省省级文物保护单位，它周边群山环绕，在环山路上的观景台上可望到五座土楼的全景，楼群布局呈梅花形，有人称之为"五朵金花"，也有人说它仿若一束"黑色郁金香"。站在山脚下向上眺望，又好像是到了西藏的布达拉宫，其错落有致的建筑风格以及视觉效果，独具一番风味，使人向往。清朝嘉庆年间建成的方形楼（步云楼）是土楼群的中心，其周围紧挨着的便是三个圆形楼，即振昌楼、和昌楼以及瑞云楼，还有一个椭圆形的文昌楼。这一独特的建筑组合布局，只能说是巧夺天工，令众多海内外的学者与专家神往，同时吸引了大量的游客前往参观，曾有海外学者称其为"世界上独一无二的神话般的山村建筑模式""天上落下的飞碟，地上长出的蘑菇"。这当中体量最大的当属"文昌楼"，它呈椭圆形，是内通廊式土木结构的土楼，其建筑风格与构造极具代表性。

第三节　乡土资源在教学中的应用

一、乡土资源在初中历史教学中的应用策略

（一）在教学活动中渗透活用意识

1. 开发渗透典型的乡土资源内容

家乡的民俗、家乡的特产、家乡的名胜古迹、家乡的美食、家乡的交通、家乡的俚语等，均包含着极具代表性的乡土授课内容。从当地的风土人情、自然资源知识、政治经济知识、历史文化知识等中发掘本土教学资源，在实践活动中帮助学生深入生活，使学生学会活用各种本土资源。

2. 有显性关联的乡土资源内容，要引申、扩充

乡土授课内容在众多教学学科当中均具有相当的比例。历史教师可以引申、扩充与教学内容有显性联系的本土资源的材料，在授课当中逐步培养学生的乡土意识。极具特色的地域风格是各个学校所独有的，周边各自的环境也是不同学校所独有的，若是校园可以最大限度运用区位优势，那么就可以引申、开发各自的区域教学资源。比如，南靖福建土楼群、闽侯县石山遗址、武夷山城村汉城遗址等，其中福建土楼群以及周围乡村的旅游、历史、文化、经济、地理等内容，特色鲜明，均应该在有关的历史实践活动中积极引申、扩充，合理运用。

3. 有隐性关联的乡土资源内容，要挖掘、沟通、联想

认真挖掘与钻研可以得出和授课内容息息相关的乡土资源的内容，借助沟通与联想，有机渗透乡土教育，逐渐拉近生活与学科的距离，使学生真实地体验到其存在。比如《漳浦县志》，或许刚一听，很多学生会觉得就是一些文字，距离生活很遥远，但其中记载的当地文化古迹与历史遗迹还是能够被深入挖掘引用，从而吸引学生的。

（二）在观察活动中体现使用动机

观察是人类认知社会与自然最为基础的行为。观察力对于智力而言尤为重要，是学生五大基本智力因素之一。借助观察，学生能够获得感性认知，提升自身发现、分析以及解决问题的能力，同时激发自己的学习兴趣。在大量学科

的课程准则当中，观察对学生的学习而言至关重要。所以，历史教师与学校应高度重视观察，要着重培养与提高学生的观察力。历史是一门较为综合的学科，观察是学好本科目的重要方法之一。历史教师让学生对人类社会、历史遗址以及人文景观等进行观察，能够培养学生的学习兴趣，使学生逐渐形成追求真理的科学态度。

在观察活动当中，历史教师可以将与学生真实生活和授课内容有关的多种本土资源联系起来，以精美挂图、多媒体课件、精选图片为介质，将本来极为枯燥且抽象、不为众人所知的乡土知识生动形象地、栩栩如生地、直观具体地展现在学生眼前。

（三）在实践活动中拓展使用空间

1. 乡土资源与社区活动相结合

倡导学生从教学课堂中走出来，从校园中走出来，融入社区，融入自然，融入社会，使自然大环境、社会大环境与乡土教育彼此融合，接触真实的社区生活，加深对本土史料资源的认识。比如，可以听家里长辈讲述以往的故事、参观氏族祠堂等。

2. 乡土资源与系列主题教育相结合

主题活动的进行，要按照一定的层次、一定的主题、一定的顺序，从相关的时节、社区环境、自然环境、节日分析中不断挖掘本土历史资源，从而构成具有本校特色、较为固定的系列主题活动。

3. 乡土资源与日常生活相结合

结合具体实践，从实际出发，挖掘周边的教学资源材料，使学生平日生活的每个细节都可以成为乡土教学的极佳时机，使乡土教育可以有机渗透进生活的方方面面，在此过程中，历史教师也成为一个认真细致的人。

二、乡土资源的应用案例

如今教学改革持续推进，许多教育从业者希望打破以往的教学方式，借助全新的授课资源的导入，促使教育工作不断创新。以往的初中历史教师由于过分注重教材资源而忽略乡土资源，这对于学生而言是极为不利的。在教育改革的过程中，应把乡土资源不断导入初中历史教学当中，要充分开发利用乡土教材，发挥乡土资源的教育功能。下面展示的是初中历史授课中利用乡土资源的实际案例——走进家乡"读"身边的历史。

没有文字的史书也好，有文字的史书也好，它们都需要学生在学习历史的过程中进行"品读"。没有文字的史书主要是指那些静止的历史，如名胜古迹与历史遗址。名胜古迹与历史遗址仿佛夜空中的星星一般遍布我国广阔的大地，使文明古国的大国气度得以彰显。下面，我们就来到家乡的某一名胜古迹（历史遗址），用你的脑、你的眼、你的手，去看看它讲述了哪些故事。

（一）活动目标

（1）熟练掌握借助历史资料考察的主要方法与基本原则。

（2）了解、研究、调查遗址的一般情况，重现历史的景象，进而感受历史，感知古人生活的某一领域。

（3）激发热爱家乡与祖国的美好情感。

（4）加大对从历史遗址（历史文物等）当中找寻有效信息的能力的培养力度。

（5）提高文物保护的相关意识。

（6）增强团队合作学习能力。

（7）进一步巩固所学知识。

（二）活动资源

（1）本土历史文献与书籍。

（2）学校周边区域以及所在地的名胜古迹与历史遗址。

（3）学校周边区域以及所在地的历史陈列馆（室）、历史博物馆。

（4）熟知本地文物与历史的从业者以及老人等。

（5）学校所在地的文献史料、地方志等。

（6）历史考察工具（拓片用的纸墨、照相机、皮尺等）。

（7）历史传说、民间故事。

（三）活动过程

1.准备

（1）历史兴趣小组的学生与历史教师在研究调查后明确考察的对象。

（2）历史兴趣小组的学生与历史教师提出考察的具体要求。

（3）划分考察小组。

2.活动具体过程

（1）找出考察对象的精准位置。

（2）找出考察对象的精准时代与名称。

（3）对重要部分与关键文物展开详细考察，如丈量、拓片、观察、拍照等。

（4）听取相关人员的详细介绍。

（5）了解考察对象的生活环境以及分布情况。

（四）活动后续工作

（1）在学校历史角展览优秀的考察拓片、报告与照片等。

（2）整理包括图像资料与文字资料在内的考察资料。

（3）各位学生与各个小组书写内容简洁的考察报告。具体内容：开发与保护运用的建议；考察对象的历史地位与基本情况。

（五）活动注意事项

（1）考察活动的真实成果应该记入登记表或者存进学生的学习档案袋。

（2）考察对象尽量是重点文物保护单位（按照国家级、省级、市级、县级重点文物保护单位以及具体文化遗产的排列顺序进行选择）。

（3）如果当地名胜古迹或者历史遗址比较多，学生可以以小组为单位进行分头考察。

（4）注意保护环境，爱护文物，文明考察。

（5）考察对象选择现代、古代或者近代等具有不同特点且不同历史时期的。

（6）不具备实地考察条件的学校，可以借助名胜古迹（历史遗址）的影像资料、网络或者照片开展模拟考察。

第四节　乡土史料教学的实践反思

乡土资源作为教育教学资源，在教育教学领域当中持续渗透，这很大程度上冲击着我国的传统教育方式，新的活力与"血液"不断被导入现代教育体系。家乡人文、自然中蕴含着极为珍贵与丰富的教育教学资源，教育活动的实施急需乡土教学资源提供这一宽广的平台。实践表明，乡土教育教学资源有极为重要的意义，它有助于初中生的全方位发展，所以应最大限度地发挥乡土资源教育教学的价值。

一、历史教师方面

一方面，历史教师需要具备正确且全新的课程资源观。"课程资源"是中国 2001 年义务教育阶段课程改革当中的一个新提法，课程资源利用与开发的深度与广度直接影响到课程改革的开展。历史教师要改变以往的观念，不再把历史教材作为唯一的教材资源，要将当地丰富的极具教育意义与价值的本土资源导入初中历史教学中，主动开发与利用乡土历史材料，运用各地的历史名人、博物馆、历史遗址、图书馆、纪念馆等乡土资源提高学生学习和感悟历史的能力。

另一方面，助推历史教师提高对本土资源价值与作用的认知。历史科目部编材料比较注重在全国范围内的发展进度，发生在国内不同地区的历史人物、历史事件，不会都包含在内，不同地区编写的丰富的本土资源材料与本土教程刚好能够弥补部编材料的不足。[①]总之，应当使历史教师认识到本土资源的价值与重要性，不再受以往教育模式的影响，不再受困于成绩与考试重点，而是最大限度地利用当地的资源优势，缩小课本与学生的距离，使学生在实际生活当中"触碰"历史，感受到历史其实就在身边，不断培养学生的爱国情感，激发学生对历史的学习兴趣，进而实现教学效率的提高。

二、学生方面

关心学生，注重过程。在开发与运用地方本土资源时，应该极为重视学生的实践过程，让学生在课外实际活动与课堂教学中提高能力，增长见识。优化本土教学材料需要把学生的需求当作参照，把学生放在首位，注重学生的主体地位，推进学生自主选择本土资源。多年来的经验表明，运用本土资源促使学生主动进行各种活动，是书籍与课本无法替代的活教材，有助于学生优秀品质行为的形成、智力的社会性发展、知识储备的拓宽、热爱祖国与家乡的美好情感的培养，同时可以使学生全方位和谐发展。学生熟悉与知晓故乡，热爱故乡文化，让故乡文化成为其达成人生理想的坚实基础，必将受益终生。

三、家长方面

家长应当注重对本土教学资源的开发与运用。家长与历史教师应该加强联系、密切配合，共同对学生的教育教学负责。家长与历史教师要有良好的沟通，这是利用与开发本土资源的高效渠道。

① 赵立彬.他乡雨露、中国根株：乡土口述史料中的珠海留学先驱[J].徐州师范大学学报（哲学社会科学版），2008(5): 8-12.

四、学校方面

学校应该加深对本土教育教学资源的认识，重视本土教育教学资源的意义与价值，贯彻课程的三级管理，主动开发本土资源，寻找时机开设本土历史课程，加强对历史教师的培养与训练，等等。

五、教育主管部门方面

教育主管部门应当增强对此领域的管理与指导，对本土资源给予高度重视，最大限度运用当地优越的人文资源与自然资源，深度发掘其潜力并把它列入校园的教程中。[①] 此外，教育主管部门可以通过下发有关文件，使学校增强对本土资源的关注，发展本地的乡土资源教育。

---

① 王中亚.显地方之特色　收教学之实效：探析河南乡土史料在初中历史教学中的辅助作用 [J].中小学教师培训，2001(6): 41-42.

第七章 诗词史料的应用

第一节 何谓诗词史料

一、诗词史料的内涵

关于诗词史料的内涵，笔者基本支持黄莉老师在《高中历史教学中的史料教学研究》中的观点。她将史料划分为文字史料、图片（表）史料、口碑史料、实物史料、声像史料和数字化史料。其中，文字史料将文字作为保存历史信息的载体。诗词以文字为主要保存形式，又是历史的产物，承载了一定的历史信息。人类的文学活动和文学思想的发生，本来就不是孤立的、封闭的，而是与人类的多种物质生活和精神生活等紧密相连，都植根于同一土壤。① 例如《诗经》中有可供研究的对先秦时期社会风俗习惯、历史地理环境、政治制度等的描写。唐代是诗的繁盛和词的兴起时期。经史立言空间被压缩后，转而在诗歌领域寻求突破②，促使"诗史"现象出现。而诗人根据前朝往事或者当朝时事所创诗作，更是与历史密不可分，如白居易写的《长恨歌》，借歌颂唐玄宗与杨贵妃的爱情达到讽刺时政、垂训将来的目的。"诗歌合为事而作"，如元稹的《连昌宫词》，杜牧的《过华清宫》，杜甫的"三吏""三别"和《兵车行》《自京赴奉先县咏怀五百字》。这些都是不可多得的诗词史料。宋代诗词出现全面世俗化转型的局势，白话、民谚入诗词，使诗词创作者和受众群体逐渐扩大，反映当时社会风貌的作品更是不胜枚举。由于诗词作品创作环境、创作意图、

---

① 张可礼.中国古代文学史料学[M].南京：凤凰出版社，2011：12.
② 吴夏平.史学转向与唐代"文之将史"现象[J].文学评论，2019(3)：130–138.

价值取向都与当时的历史息息相关，以文学的形式承载了当时的历史信息，所以应当属于文字史料的一种。笔者称其为诗词史料。

二、诗词史料的特点

（一）音节谐婉，趣味性强

诗词的一个显著特点就是韵律感。韵律是语言交际的必要手段，可以为听者在语法结构和语义上提供更为清晰的理解方式。诗词在平仄、押韵、对仗等创作规则的约束下，形成了满足人们心理预期的固定形式。这套固定形式经过不断学习和欣赏的强化，在人们潜意识中已经逐步得到适应。即使遇到的是陌生的诗词史料，它的创作也应当符合诗歌韵律规则，此时我们潜意识里的韵律模式就会尝试着与之匹配，一旦匹配成功，就会产生愉悦感。对于学生来说，在这种愉悦感的刺激下，对于语意和情感的理解就能够得到加深，也更能激发学习的积极性。由此可以看出，诗词作品虽然十分简短，但正是由于它独特的韵律感，它对于认知过程才可以起到促进的作用。比如，在教学过程中联系相关诗词帮助识记历史知识，历史教师借助合辙押韵的朝代歌帮助学生厘清朝代顺序，都是诗歌韵律感对理解识记历史知识的作用的体现，也确实起到了不可忽视的作用。

（二）形象生动，情境感强

对于学生来说，如何形成感性认识是学习历史的一个不可回避且必须解决的问题。学生对于知识的学习总要经历从感性认识到理性认识的过程，历史的学习也不例外。诗词史料的本质还是文学作品，对于历史情境的塑造有着很大的优势。文学作品的体裁类型不在少数，但从塑造情境感这方面来看，诗词史料也是有着极大优势的。诗词讲求意境，用叶嘉莹的"语码"理论解释，就是"古今中外任何诗歌，它们诗篇中所运用的语汇，也就是符号学所谓的语码，作为作者与读者间的一种沟通媒介，如双方对此种语码有文化背景相同的认知，则可以帮助读者透过诗篇中的语码对作者的原意有更正确的理解，从而对诗篇做出更正确的诠释"[①]。换句话说，诗词作品中的词汇如果是在与读者有共同文化背景的条件下形成的，就能够使读者联想到另外一套信息系统——"语码"，往往能够通过文字所承载的感官印象传达出更为丰满的意境，使人们借

---

① 叶嘉莹.中国词学的现代观[M].长沙：岳麓书社，1990：80-83.

助文学意境形成感性认识，因此诗词作品有利于搭建历史场景，使读者形成对史实的感性认识。

（三）短小精悍，易于理解

诗词史料通常内容简短，然而在极短的篇幅中又以精微的语言塑造出具有历史意义的诗词意境，蕴藏极为深刻的内涵，对学生历史认识的形成很有帮助。朱家鼎认为，"在历史教学中，完全可以借助诗词歌赋的审美功能对学生进行历史思维素养的培养。通过诗词美象和历史具象的有机结合，运用诗情、诗景、诗魂深化学生对史实、史论、史训的认识，培养学生的分析、判断、思辨和表述能力"[①]。其实也是通过感性情境的塑造加深对理性历史的认识，从最初的感觉上升到质的判断。继续深究下去，诗词史料是如何通过意象完成从感性认识到理性认识的飞跃呢？认知语言学者认为，隐喻是一种抽象的认知方式，它为抽象思维的形成奠定了基础，为感性认识上升为理性认识搭建了桥梁，进而为人类创造性思维活动的进行和人类认识、改造世界打开了大门。[②]"隐喻"这一概念虽然是"舶来品"，但对于诗词创作来说并不陌生，诗词恰恰是隐喻性极强的一种文学体裁。《礼记·学记》中就有"不学博依，不能安诗"的说法，与"隐喻"这一概念不谋而合。例如，杜牧的《过华清宫》："长安回望绣成堆，山顶千门次第开。一骑红尘妃子笑，无人知是荔枝来。"诗中无一字写唐玄宗荒淫好色，杨贵妃恃宠而骄，仅仅描绘了飞骑送荔枝的场景，却隐含对统治者骄奢淫逸、荒唐误国的讽刺。

三、诗词史料应用于教学的可行性

（一）历史教材鲜明的编撰特点为诗词的介入提供可能

1.教材知识内容丰富

在当今文化多元化的背景下，初中历史教材的内容比以往更加丰富，对于社会生活方面的介绍也更加详细。例如，部编版七年级下册第二单元"辽宋夏金元时期：民族关系发展和社会变化"这一部分，相较于以往的初中历史教材增添了"宋元时期的都市和文化"这一内容，对宋元时期繁华的都市生活进行了详细的介绍。诗词源于生活，是一定时期政治、经济、文化与社会的反映，

---

① 朱家鼎.诗词美象与历史具象[J].初中历史教学参考，2000(8)：32-33.

② 高金林.感性认识与理性认识之间的桥梁：论隐喻的认知功能[J].十堰职业技术学院学报，2006，19(6)：75-78.

而教材中丰富的社会史内容为诗词史料引入历史课堂教学提供了契机。对于学生来讲，教材内容的丰富、知识点分布范围的拓宽，使学生需要记忆和理解的内容比从前要多，学生很容易产生倦怠情绪。而历史教师采用情景交融、寓意深刻、语言唯美凝练的诗词讲解复杂的社会状况，有助于提高学生的学习兴趣，所以诗词史料就成为较多历史教师的选择。

2. 教材注重诗词史料分析

部编版初中历史教材注重对史料的分析和理解，诗词史料的呈现也比较多。

部编版初中历史教材，在课文内容外编排了相关史事、问题思考、材料研读、课后活动和知识拓展等模块，其中，相关史事、材料研读和课后活动模块往往引用史料引导学生分析历史问题，而中国古代史部分的许多史料都是以诗词的形式出现在教材中的。例如，部编版七年级下册第 5 课《安史之乱与唐朝衰亡》的"材料研读"写道："安史之乱造成北方地区'人烟断绝，千里萧条'。杜甫诗《无家别》中有'寂寞天宝后，园庐但蒿藜。我里百余家，世乱各东西。……四邻何所有？一二老寡妻'之句。想一想：这场战乱给人民造成了什么样的灾难？"又如，第 15 课《明朝的对外关系》中，课后活动的第 2 题这样写道："戚继光不仅是著名的军事家，还是一位诗人，他的诗文集《止止堂集》中有 200 多篇诗作。下面是其中的一些诗句：'一年三百六十日，多是横戈马上行。''一片丹心风浪里，心怀击楫敢忘忧！''遥知百国微茫外，未敢忘危负岁华。''封侯非我意，但愿海波平。'说一说：这些诗句抒发了戚继光怎样的情怀和抱负？"

总之，现行初中历史教材中诗词史料的利用程度较高，结合诗词进行历史教学是初中历史教师的重要教学手段。

3. 教材内容编写侧重历史发展演进

现行部编版初中历史教材，历史脉络清晰，偏重于对历史发展演进的阐述，这就要求历史教师在教学过程中对教材内容进行补充，以丰富教材内容，提高学生的学习积极性。

例如，部编版七年级上册第 16 课《三国鼎立》包含"官渡之战""赤壁之战"和"三国鼎立"三个部分，以时间为线索讲述了三国鼎立局面的形成过程，大致介绍了三国时期的相关史实。由于大众媒体以及互联网的普及，同学们对于三国时期的历史并不陌生，对这一时期的历史人物也有自己的认识和理解。因此，历史教师在教学过程中可从某一历史人物的视角出发，结合其诗词作品以及后人评价，以小见大，使学生在了解三国鼎立形成过程的同时，对历史细节以及历史人物形象有更加客观清晰的认识。

从对初中历史教材的分析中可见，教材丰富的知识内容和课内史料以及编写特点都为教师利用诗词史料进行历史教学提供了发挥的空间，使历史教师在中学历史课堂上引入诗词成为可能。

（二）诗词史料是了解中国历史文化的重要资料

首先，诗词史料可以生动形象地表现历史事件和人物形象，有助于激发学生的学习兴趣和情感共鸣。例如，在教授《出师表》时，历史教师可以让学生通过背诵和分析这篇诗词来了解三国时期的政治和军事局势，以及诸葛亮的为国家尽忠的精神。

其次，诗词史料可以帮助学生深入理解历史背景和文化内涵。在教授唐宋诗词时，历史教师可以让学生通过诗词的表现形式、文化底蕴和历史背景，了解唐宋时期的社会文化、政治制度和文学艺术等方面的内容。

最后，诗词史料可以促进学生的多元化学习，开阔学生的视野并拓展其思维方式。通过对诗词史料的学习，学生能提高对文学、艺术、历史等多方面的兴趣和理解能力，促进自身的全面发展。

诗词史料应用于初中历史教学是可行的。当然，在教学实践中，历史教师还需要根据学生的实际情况和教学目标进行具体的设计和实施，以达到更好的教学效果。

（三）顺应我国当今新课程改革发展的大趋势

知识经济时代的国际竞争越来越趋向于国民综合素质的竞争，国民综合素质的高低取决于各国教育的发展水平。顺应这种新形势的发展，新课程改革应运而生。历史课程改革应该有利于教师转变教学方式并树立以学生为主体的教学观念，鼓励教师创造性地探索新的教学途径，从而改进教学方法和教学手段。教育不仅能带给学生知识，更重要的是能够培养学生的学习习惯，教给学生正确有效的学习方法，培养学生解决现实问题的实践能力，从而使学生走上社会后能更好地面对社会生活中的种种挑战。历史教学迫切要求教师转变教学观念，改进教学方法和教学手段。随着历史课程改革的不断推进，新的"以学生为本"的教学观念已经深入人心，传统历史教学中的"满堂灌"的教学方式已经不适应新的教学观念的发展。面对这种情形，广大一线历史教师在实践中应积极探索新的教学方法，努力改进教学手段，以适应新课程改革发展的需要，而将诗词史料引入历史教学是适应这一发展需要的一种有效的教学方法。

在历史教学中，如果要处处体现出"以学生为中心，发挥教师指导作用"的新课程标准的理念，就需要教师运用新的教学方法提高教学效率。在初中历史教学中，教师合理有效地运用诗词能够激发学生学习历史的兴趣，从而引导学生充分发挥主观能动性，提高学生分析问题和解决问题的能力，使其养成独立思考的习惯，并唤醒其内心对历史学习的热爱，从而达到事半功倍的教学效果。

第二节 历史教学中引入诗词史料的原则

一、适度性原则

在初中历史教学中引用诗词主要是为了激发学生的学习兴趣，活跃课堂气氛，提高历史教学效果，但要注意，在教学中要使诗词史料为历史课堂教学服务，不能使历史教学服务于诗词的讲解。因此，历史教师在教学中引入诗词一定要遵循适度性原则。

这里提到的适度主要有两个方面。一是一节课中引用诗词的次数要适度，不能过多。将诗词史料引入初中历史教学的目的是提高课堂教学效率，如果在课堂中过度引用诗词，虽然能够有效活跃课堂气氛，调动学生课堂学习积极性，但是课堂上诗词占用的时间过多就会影响学生学习本堂课应学的历史知识。二是难易要适度，也就是历史教师在课堂上引用的诗词要符合学生的认知能力，这就要求历史教师在选取诗词史料时注意选取学生能够理解的诗词，避免引用艰涩难懂的诗词史料。将诗词作为教学材料引入历史教学是为了通过一种耳熟能详的方式帮助学生学习历史知识，所以在引用诗词的时候一定要考虑学生的实际情况，最好找一些学生熟悉的诗词或能够理解大致意思及作者情感的古诗词。如果运用篇幅长或者语句难懂的诗词，不仅不能提高课堂学习效率和学生的学习兴趣，还会使学生产生较大的心理压力和倦怠情绪。因此，历史教师在教学中引用诗词史料，要遵循适度性原则。

二、典型性原则

在初中历史教学中引用诗词史料时还要遵循典型性原则，要选取有代表性的诗词用于教学。比如，部编版七年级下册第 8 课《金与南宋的对峙》中"南宋的偏安"这一部分提到了岳飞抗金的事迹，可以选取陆游《十一月四日风雨大作》中的"夜阑卧听风吹雨，铁马冰河入梦来"一句来反映当时的南宋人民渴望收复国土的强烈情感，但若选取岳飞的《满江红·怒发冲冠》中的"靖康耻，犹未雪。臣子恨，何时灭。驾长车，踏破贺兰山缺。壮志饥餐胡虏肉，笑谈渴饮匈奴血。待从头、收拾旧山河，朝天阙"则更能够让学生将诗词材料与教材内容结合起来，加深对教材内容的理解。此外，初中历史教师在引用诗词史料时要注意，引用的目的是使课堂教学目标得到最大化的实现，因此在选择诗词史料时必须注意诗词中是否含有较多的生僻字、专有名词或典故。若作品中有较多生僻字、专有名词或典故，历史教师一定要进行解释说明。因为诗词史料如果太过艰涩难懂，不仅不利于学生学习兴趣的培养，还增加了课堂教学和学生学习的难度。若在选取诗词史料时遇到篇幅较长的作品，历史教师需要对其进行分析，不能整篇套用，选取其中对课堂教学有帮助的几句即可，同时切忌断章取义。

三、真实性原则

文学与历史是分不开的，文学以自己的方式参与历史建构和传承，但文学不能"虚无"历史。因此，历史教师在课堂上引用文学作品时要注重真实性。

诗词史料在一定程度上能够反映特定时期的历史背景和历史事实。但诗词是文学作品的一种，作者在创作过程中往往会受到各种因素的影响，再加上文学作品难免会有夸张、虚构以及主观色彩，所以作品反映历史的真实程度也具有一定的局限性。从认知发展水平上看，初中生还处在认知的形成和发展阶段。若要使其对历史有准确的认识，历史教师就必须辨别出诗词是否虚构、夸大历史，进而选择那些具有历史真实性的诗词史料进行历史教学。历史教师应该在正确历史观的指导下，选择能够揭示历史事实的诗词作品，尽量选取能够客观描写历史的诗词，对诗词创作的背景、作者的经历进行分析，去伪存真，确保历史教学的有效性。比如李白的《系寻阳上崔相涣三首》（其一）中的"邯郸四十万，同日陷长平"，学生在看到这句诗时很容易误解为唐代邯郸人口有四十万，而这首诗本是当时诗人被诬陷入狱，借用战国长平之战秦军坑杀赵国四十万兵力的故事求救于当时的丞相，原诗为"邯郸四十万，同日陷长平。能回造化笔，或冀一人生"。因此，若用此诗来证实唐朝时期邯郸人口有四十万就与史实不符。由此可见，历史教师在运用诗词史料时需要对诗词进行考证，而所选的诗词必须要符合历史，具有真实性。

四、差异性原则

差异性主要指历史教师在教学中引用诗词史料时，应注意区别于初中语文教学中讲解古诗词。

古诗词是语文教学的重要内容，因此在历史教学中如何将诗词作品的处理与语文教学区别开来，是需要着重注意的一点。语文的古诗词教学往往侧重于对字、词、句的具体理解与分析，尤其是重点字词的具体解释、语言的艺术手法等。例如，部编版七年级下册第 5 课《安史之乱与唐朝衰亡》的课后活动引用了黄巢的《不第后赋菊》："待到秋来九月八，我花开后百花杀。冲天香阵透长安，满城尽带黄金甲。"这首诗作于黄巢科举落榜后，科考失利与社会的黑暗、吏治的腐败使他对李唐王朝十分不满，诗人借此诗来抒发自己的抱负，也从侧面表现了当时人们渴望摆脱困苦生活的强烈愿望。在历史教学中，对这首诗的讲解主要偏重于诗人的远大抱负以及当时的社会背景。但是在语文教学中，教学的重点要放在作者为何不到九月九重阳日就为菊花赋诗，以及对"冲天香阵""透""满""尽"等字眼的赏析等，还要重点分析这首诗的表现手法。由此可以看出，对于诗词的分析，语文教学主要侧重于文字、表现手法等微观方面以及作者的思想感情等宏观方面，而历史教学主要侧重于对诗词中作者的思想感情和蕴含的历史信息等的宏观分析。

第三节　诗词史料在历史教学中的应用

一、诗词史料在课堂导入中的应用

课堂导入又称教学导入。在何成刚主编的《历史课堂教学技能训练》中，课堂导入被定义为"教师激发学生兴趣、唤起学生的求知欲，诱导学生进入教学状态，从而帮助学生在接受新知识前做好心理和知识的必要准备的一种教学行为"，有定向集中、激励诱导、认知衔接和信息互动这四方面的功能和作用，可大致分为问题式导入、材料式导入、激趣式导入、情境式导入和释题式导入等方式。课堂导入是课堂教学中的重要环节，巧妙的课堂导入可以更好地诱导学生对学习产生期待，激发学生对课堂的兴趣，使学生产生学习本课知识的欲望，激励学生迅速而主动地进入课堂学习。一般在课堂教学中留给导入的时间只有五分钟左右，可以看出课堂导入虽然重要但是所占用的时间十分有限，因此如何在短暂的时间内激发学生的学习兴趣就成了一个难题。

中国诗词作品篇幅短小，文字精练准确，具有极高的文学价值和史料价值。初中学生已经具有一定的诗词储备，因此，合理地运用古诗词有助于在短时间内有效调动学生的学习情绪和求知欲望，在课堂导入中合理运用诗词史料不失为一个好的选择。

案例：部编版七年级下册《盛唐气象》（片段）

教师：同学们好，我们今天来学习第3课《盛唐气象》。我们先来看一首杜甫的诗（教师利用多媒体展示古诗）：

忆昔（节选）

忆昔开元全盛日，

小邑犹藏万家室。

稻米流脂粟米白，

公私仓廪俱丰实。

教师：杜甫这首诗中描写的是历史上哪个时期的社会风貌？根据诗中描写的内容，请你推断当时的社会是怎样一番景象。

学生：这首诗描写的是唐朝唐玄宗时期开元盛世的繁荣景象。当时的社会景象是仓廪丰实、人口众多、衣食充足。

教师：盛唐时期指的是唐玄宗统治的前中期，一般学术界也认为盛唐时期是中国古代封建社会的鼎盛时期。当时政治稳定，国家统一，经济繁荣，各民族关系融洽且交流、交融频繁，文化事业高度发达。那么，当时唐朝的经济发展到底有多繁荣呢？周边有哪些民族呢？当时唐朝百姓的社会生活是什么样的？通过今天的学习，我们就会找到答案。

不难看出，以诗词史料作为媒介进行课堂导入，在课堂教学中起到了激励诱导以及定向集中的作用。这样的导入方式，能够使熟悉诗词史料的学生产生自信，也可以激发不熟悉相关诗词史料的学生后来者居上的学习劲头，为提高本节课堂的教学质量提供了可能。

二、诗词史料在新课讲授中的应用

讲授是教师通过简明、生动的语言，通过描绘情境、解释概念、论证原理、阐述规律等，系统地向学生传授历史知识，并发展学生智力的一种方法。历史教学中的讲授法分为讲述法和讲解法，都是以教师的"讲"为主体。讲授的功能主要有组织历史教学、传授历史知识、形成历史表象、促进历史理解几个方面，作用主要有提高学习效率、提升学习兴趣、激发学生情感、培养学生能力等。讲授是课堂教学的主要环节，但讲授以"讲"为主，很容易造成学生被动听课，常常不利于培养学生进一步探究知识的意识和能力。尽管如此，课堂讲授仍旧不能被其他教学方法替代，如果教师在课堂上放弃了讲授，就相当于放弃了教师在课堂上的主导作用。

学生对诗词并不陌生，将诗词史料引入历史课堂教学，在一定程度上将语文与历史两个学科结合在了一起，这种教学方法对学生来说比较新颖。尤其在古代史的教学过程中，用简短精练的古诗词代替一部分古文史料进行分析和教学，能够有效地减轻学生学习历史的心理压力，从而提高教学效果。

案例：部编版七年级下册《北宋的政治》（片段）

教师：刚才我们学习了宋太祖加强中央集权的一系列措施，下面我们来看重文轻武的政策。首先来看三则材料：

材料一：

宁为百夫长，胜作一书生。

——[唐] 杨炯《从军行》

材料二：

功名只向马上取，真是英雄一丈夫。

——[唐] 岑参《送李副使赴碛西官军》

教师：从上述材料我们可以看出唐宋两朝人们对从军的态度，可谓完全不同。那么是什么造成了这种不同呢？

学生：重文轻武。

教师：唐朝末年和五代十国时期，藩镇割据，武将专横，政权更迭频繁，严重破坏了社会经济的发展，整个国家都处于一种分裂割据的状态。宋朝建立后，宋太祖吸取了前朝的教训，为了维护自身统治，大力提高文人的社会地位，主要措施是设置文官分权并完善科举制度等，如设置两府三司制度，用以防止武将专权。这就形成了重文轻武的国策，而且在社会上形成了一种风气。所谓抑制武将，就是指陆续解除各节度使的兵权，将禁军掌握在皇帝自己手中，不使大权旁落。提升文官地位，主要措施是在多方面牵制武将，在中央和地方官职的设置上选用大量文官，并让文官来主持军务。武将统军指挥处处受限，工作受到了严重的束缚，武将带兵打仗需要按照朝廷的指示行军布阵，没有自由指挥的权力。此外，宋朝规定军人不得干涉中央和地方的行政事务，所以就有了曹翰发出的"曾因国难披金甲，不为家贫卖宝刀"的感慨。在这里同学们需要注意，宋朝的重文轻武并不是完全轻视武备和军队建设，其主要目的在于防止武将跋扈篡权，加强君主专制中央集权。宋朝每年的军费开支大概占到全年总财政支出的七到八成，顶峰时期军队曾达到120万之多，因此我们可以说宋朝非常重视军队建设。重文轻武这一政策的积极意义十分显著。首先重文轻武政策使宋朝的文化事业得到了较大的发展，宋朝不论是在社会科学还是自然科学方面都有较大的进步。其次，为了提高文人的社会地位，宋朝改革和发展了科举制，在大量增加科举取士名额的同时，极大地提高了进士的地位，可以说宋朝重文轻武的政策也拓宽了社会人士上升流动的渠道。此外，宋朝重文轻武政策的实施，有效促进了政权的巩固，保证了社会的安定局面，阻止了武将专权和篡权情况的发生。但是，重文轻武政策的实施也使军队战斗力下降，造成了兵无常帅的局面，使宋朝军队在战争中多次失败。

案例中，教师展示唐宋两朝有关从军的诗词史料，并让学生进行对比，使学生对唐宋两朝人们不同的从军态度产生疑问，好奇宋朝要实行重文轻武政策的原因，在此基础上教师再对宋朝的重文轻武政策进行讲解，加深学生对此问题的理解。

三、诗词史料在课堂小结中的应用

在课堂即将结束时，历史教师以简单的语言文字引导学生对课堂学习的主要内容进行巩固的概括性教学就是课堂小结。一般的课堂小结方式包括归纳总结、提炼升华和设置悬念等，其目的在于将课堂所学知识有效纳入学生的认知结构。虽然课堂小结在一节课中所占的时间很少，但在课堂整体教学中占据着重要的地位，好的课堂小结能够使课堂所学知识得到升华。课堂小结有以下几方面作用：明了主要内容，增强学生记忆；构建知识体系，形成知识系统；及时反馈新知，检查教学效果；承上启下，为下节课的教学做好铺垫；拓展延伸，升华主题，提升智力。诗词语言精练，情感丰富，能够有效地概括历史事件，带动学生的情感，在初中历史课堂的小结中不失为一种不错的选择。

案例：部编版七年级下册《安史之乱与唐朝衰亡》（片段）

教师：我们今天讲到了在唐玄宗统治后期，盛唐的升平景象急转直下，爆发了安史之乱。安史之乱后，唐朝中央权力衰微。到了唐朝末年，中央权力更加衰弱，统治越来越腐朽，甚至形成了宦官专权的局面，藩镇割据也更加严重，土地兼并加剧，社会矛盾尖锐，导致了黄巢起义。朱温在镇压黄巢起义后，建立了后梁政权，唐朝灭亡，中国社会从此进入了五代十国时期。五代十国时期战事不断，政局动荡。我们通过本课的学习可以了解到，从唐玄宗后期的安史之乱开始到五代十国时期，社会一直处于战乱之中，政局动荡，百姓流离失所。我们可以用杜甫《垂老别》中的诗句来对这段战乱的历史进行总结："忆昔少壮日，迟回竟长叹。万国尽征戍，烽火被冈峦。积尸草木腥，流血川原丹。何乡为乐土？"这几句诗的意思是：从前年轻的时候，国家一片国泰民安的景象，如今回头看从前的太平盛世，不免徘徊叹息。如今所有地区能够应征的男子都已入伍，战争的烽烟到处弥漫。放眼望去，到处都堆积着战士和百姓的尸骸，甚至连大地上的草木都因此变得腥膻，河流与平原都被鲜血染红。在这战火遍地的情况下，我们又如何去寻找人间乐园呢？接下来同学们来朗读两遍这几句诗，让自己回到那战乱年代，感悟战乱的历史。

在案例中，历史教师以学生朗读《垂老别》中的诗句为课堂小结，使学生对唐朝末年的历史有更深的感悟，体会杜甫忧国忧民的精神，产生对和平年代安居乐业的珍惜之情，培养学生的家国情怀。

四、诗词史料在课外活动中的应用

由于历史学科的特点，其深度和广度相对其他学科来说更大，但初中阶段的历史课堂教学时间相当有限，因此初中历史教师需要提高对历史课外教学活动的关注度，注意对课外教学活动的开发利用。当前阶段，新课改力度不断加大，新的教学理念不断更新，互联网信息技术不断发展，使课外教学活动可以不再拘泥于传统的形式，并将结合了多媒体、现代信息技术和互联网等新形式的课外教学活动引入历史教学。

诗词语言凝练、音律和谐优美，在历史课外教学活动中具有较大优势。但在准备过程中，历史教师需要对学生进行相关指导，帮助学生克服阅读障碍，引导学生思考和辨析诗词所反映的历史事件或历史背景，培养学生搜集资料和辨析史料的能力，以培养学生的历史学科核心素养。

案例：课外活动之探索诗词"背后"的历史

（一）活动目的

了解古代诗词蕴含的史实和历史知识，培养学生搜集资料和辨别史料的能力以及学生的史料实证和历史解释素养。通过对古诗词的探究,培养学生的家国情怀;通过合作学习,培养学生的合作精神。

(二)活动准备

(1)把高一某班全体学生分成两个小组。

(2)各组分别从政治制度和经济社会生活两个方面收集整理古诗词,任选一首进行介绍、讲解,要求介绍作品名称、作者、内容以及诗词作品所反映的历史。

(三)活动过程

1.课前搜集整理

(1)明确活动主题为"探索诗词'背后'的历史"。

(2)介绍搜集整理资料的方法。教师引导学生小组合作搜集资料,建议学生通过查阅专著、上网浏览等途径获取资料。历史教师还要指导学生学习整理资料的方法,如按照朝代顺序和社会生活的不同层面整理材料等。

(3)学生分组合作,按以下几个方面搜集、整理诗词:

主题一:古诗词"背后"的政治制度。

主题二:古诗词"背后"的经济社会生活。

(4)资料呈现方式可以是文字介绍、自制课件或者手抄报等,鼓励形式多样。

2.课中展示探究:学生展示学习成果

根据学生课前搜集、整理资料的情况,请几名学生上台展示探究成果。

主题一:古诗词"背后"的政治制度。

《木兰诗》背后的府兵制:《木兰诗》讲述了一个叫木兰的女孩女扮男装,替父从军,在战场上建立功勋,回朝后不愿做官,只求与家人团聚的故事,高度赞扬了这位女子勇敢善良的品质、保家卫国的热情。《木兰诗》背后的政治制度,是南北朝时期产生的一种军事制度——府兵制。

《木兰诗》的创作背景是北魏太武帝征讨柔然之战,而北魏到北周期间,正是府兵制萌芽、发展、成熟的主要阶段。所谓府兵制,就是一种带有世兵制和征兵制色彩的、将农民和兵力二者合一的军事制度。简单来说就是府兵在没有战争的时候和农民无异,只是在田间耕种,空闲时间进行相关军事训练,发生战争的时候跟随军队去打仗,其训练征发由分布在全国各地的折冲府负责。府兵制不仅能够为国家提供相当大基数的预备兵役,还能够有效降低国家的军事负担。府兵制产生于西魏，成熟于北周，极盛于隋唐，衰落于唐玄宗时期，是开创隋唐盛世的重要军事制度保障。府兵制产生的原因在于，南北朝时期连年战乱，国家无力支撑常备军的开销，只好"寓农于兵"。根据各户财产的多少，将户口分为九等，征兵只征上中前六等，因为前面六等的经济状况比较好，士兵在从军前需要自备兵器和马匹，也就是《木兰诗》中的"东市买骏马，西市买鞍鞯，南市买辔头，北市买长鞭"。当时，国家把全国行政区域划分为若干个军府，每个军府按照"三丁选一、五丁选二"的制度抽取男丁充当兵源，《木兰诗》中的"昨夜见军帖，可汗大点兵，军书十二卷，卷卷有爷名"就是这一细节的反映。

府兵制在唐太宗和唐高宗统治前期曾经有效地实行，自高宗后期和武后时期逐渐被破坏，到唐玄宗时期被废除。被破坏的原因有两个：一是战事频繁、兵役繁重。原来防戍有一定的番休期限，后来常被强留以至久戍不归，导致人民避役，兵士逃亡。二是府兵地位的低落。唐初承前代遗风，对于卫士比较尊重，但到武后时期，番上卫士往往被贵族官僚借为私家役使，导致社会上以充当府兵为耻辱。唐高宗后，土地兼并日益严重，而府兵征发对象主要是均田农民，因此随着均田制的破坏，府兵征点制失去了赖以实行的经济条件。这样，玄宗统治初期，府兵逃散的情况日渐增多，以致番上卫士缺员，征防更难调发。

主题二：古诗词"背后"的经济社会生活。

苏轼的《石炭》中宋朝的矿冶业：

石炭

彭城旧无石炭，元丰元年十二月，始遣人访获于州之西南白土镇之北，以冶铁作兵，犀利胜常云。

君不见前年雨雪行人断，城中居民风裂骭。湿薪半束抱衾裯，日暮敲门无处换。岂料山中有遗宝，磊落如䃂万车炭。流膏迸液无人知，阵阵腥风自吹散。根苗一发浩无际，万人鼓舞千人看。投泥泼水愈光明，烁玉流金见精悍。南山栗林渐可息，北山顽矿何劳锻。为君铸作百炼刀，要斩长鲸为万段。

在宋太宗时期，由于新冰河期的到来，南方大部分地区冬季十分寒冷，长江流域也常常冰天雪地，人们对燃料的需求激增，森林越砍越少，且体积巨大的薪柴和木炭在当时的条件下难以运输。这首诗就是在这种大背景下创作的，讲的是宋神宗元丰元年，徐州因受水灾影响，缺乏燃料，担任地方长官的苏轼派人在辖区内找到了煤矿并组织开采，解决了当时官府冶铁业和居民生活所需燃料的问题。诗中描述了事件经过，反映出北宋煤矿的开采和使用情况。

煤炭早在汉朝就已经作为燃料，到宋代得到了广泛的使用。其原因除传统燃料危机之外，还有当时矿冶手工业发达，对煤炭的需求量大幅度增加。就像诗里所说"为君铸作百炼刀，要斩长鲸为万段"，可以说北宋矿冶手工业的发展与煤炭的广泛使用是相互促进的关系。

（四）课后扩展提升

（1）根据"小组合作探究结果展示评价标准"对各小组进行评价，评选出最佳研究小组，同时指出需要改进的地方。

（2）活动课后，历史教师把学生作品呈现在教室的"学习园地"，供全班学生进一步观摩交流。

学生在课外教学活动中通过搜集诗词，搜集相关资料，并讲述诗词背后的历史，不仅提高了学习历史的兴趣，还锻炼了搜集历史资料的能力以及分析历史问题的能力。

第八章　史料资源库的建设

第一节　史料资源库建设的必要性

一、历史资源是学生学习的基础

（一）初中生自主学习的重要性

1.时代发展的必然要求

信息时代全面来临后，国家之间的交往更加密切，国际竞争也随之愈发激烈。时代背景的持续变化对人才的培育提出了更高的要求，这使得原本的教育模式已经无法满足新的教育需求，所以基础教育的改革是大势所趋。

在新时代，人才应该具备学习和创新两项能力，这两项能力是彼此依存、相辅相成的。学习能力为创新能力打下基础，培养创新能力则是为了更好地提升学习能力。初中生是我们祖国的希望和未来，他们的自主学习能力得到提升，有利于国民基础素质的提升，有助于提升我国的综合国力以及国际竞争力。

2.自身生存发展的必然需要

如今，社会竞争在人口数量不断增加、时代迅速发展以及国民受教育水平持续提升等因素的影响之下变得越来越激烈，人们必须坚持自主学习并完善自我，才能跟上社会的步伐。

初中生将来也要步入职场，迈入社会，要想在社会中生存发展，就必须要学会自主学习。用人单位在面对同等学历的求职者时，往往会选择学习能力较强且善于变通的人。对一部分学生来说，努力学习多年毕业后却找不到合适的工作，是件非常痛苦的事情，想要避免这种情况的出现，就必须培养自身自主学习的能力，提升自己的价值与社会竞争力，才能跟上时代的脚步并满足就业单位的需求。

（二）历史资源库是初中生开展自主学习的基础

从历史学科方面来讲，自主学习就代表着学生需要通过历史教师的引导或是自己主动去查找所需资料，对历史知识进行深入了解，克服历史学习过程中遇到的困难，让自己具备历史意识。自主学习既包含知识方面的学习，又包含能力方面的学习。处于青少年时期的初中生，能力与智力水平都在不断提升。他们身上所具备的对从前事物的探究、对未来生活的向往、强烈的好奇心与自主学习意向等特质，为学习兴趣的激发奠定了基础。兴趣能够在很大程度上促进学生进行自主学习，所以在引导学生学习的过程中应该重视兴趣所产生的推动作用。

如今，初中生所掌握的历史知识的主要来源是校内的历史课程，而主要的学习工具就是历史教材，只凭借这几本教科书来使学生热爱历史并提升学习积极性几乎是不可能的。此外，中华文明拥有丰厚的历史积淀，如果让学生长时间"吃"这种"历史压缩饼干"，不但不会使学生产生浓厚的历史学习兴趣，也不会为其带来多大的营养价值。在学习了历史教科书中的内容后，学生往往只能够掌握历史发展过程中的基础内容，粗略地感知历史发展的大致脉络，而对历史的纹理、中华文化的博大精深、祖先的智慧却无法体会。这种情况下的学习就像是让学生在观察几桶海水后，体会大海的波澜壮阔。

所以，倘若要使学生具备健全人格、文化素质以及历史素养，并在历史学习过程中拥有历史使命感与洞察力、看清世界与国家的发展趋势、拓展自身视野、充分掌握历史智慧、强化历史意识，就要避免只为学生提供"历史压缩饼干"，要让学生能够在真正意义上品尝到多样且丰富的历史"大餐"，也就是历史资源，使学生可以自觉或在历史教师的引导下，仔细品味历史的"自助餐"，从而进一步达到历史的教育目标。不得不提的是，在初中历史的学习过程中，学生是自主学习的主体，更是独特且处于不断发展中的人，他们在身心发展方面存在着差异，所以在历史方面的爱好也不同。如果只给他们提供作为历史"大锅饭"的课程、课本，当然是远远不够的，他们需要更加多样且丰富的内容。对学生而言，大量丰富的历史资源，就像自助餐一样，他们可以根据自己的兴趣、需求进行选择并学习。这样一来，不仅能够推动学生化身自主学习中的"先行组织者",还能够使学生在历史方面的多种需求得到满足,兴趣得到进一步提升。

总之,历史教师不能只凭借内容有限的课程以及枯燥的课本来让学生体会历史的深厚内涵并产生喜爱,而是需要为学生提供海量历史资源,使其能够自由选择,体会历史的魅力,逐步养成自主学习历史的习惯。所以,为初中学生创建历史资源库是帮助学生进行自主学习的前提条件。

二、初中历史教学需要历史资源库的辅助

(一)探究式教学需要历史资源库的支持

在基础课程改革越来越深化的情况下,更多的人呼吁把课堂交到学生的手里,还有的人认为,历史教师的授课时间应该控制在 15 分钟之内,让学生来掌控剩下的大部分的时间,让其实现自主学习。由此,探究式教学得到了大力推广。这种教学模式的核心是让学生实现自主获取、自主体验以及自主发现,强调为学生提供开放、多层次、多样化的学习氛围,促使其具备自觉发现历史问题、分析问题、解决问题以及与历史教师进行积极沟通等多方面的能力。问题式教学是其最普遍的体现形式,而组织形式则包括集体探究、小组合作探究和个体自主探究。具体操作流程为历史教师负责引出问题,学生自主查阅资料或是根据历史教师提供的材料进行仔细分析,并最终将该问题解决。在此过程中,学生能够进一步靠近历史,更加真切地体会历史的魅力,从而对历史学习产生浓厚的兴趣。

在匈牙利的数学家波利亚(Polya)看来,自觉主动的探索是学习所有知识的最有效的方式,因为通过这种方式能够更深入地理解学习内容,了解其内在的联系、性质以及规律。倘若将这种观念融入历史,那么学生自主完成历史资料搜索就是掌握历史知识最有效的方式,而且学生只有在亲身参与并感受查阅、研究历史资料的过程之后,才能够对历史形成更深入的理解。

如今,学生主要是通过互联网以及去档案馆、图书馆查阅等方式来完成资料的搜索。但以上方式对学生来说存在着较大弊端。第一,通过以上方式所获得的资源过于分散,不具备系统性。类似于博物馆、历史遗迹这方面的资源中部分资源很可能会被忽视,如果没有得到整理的话,学生也无法进行直接利用。第二,互联网中的资料鱼龙混杂,且在信息技术持续发展、更迭的情况下,虽然互联网拥有海量信息,但是其中不乏大量的垃圾信息,而初中阶段

的学生还不具备辨别真假信息的能力，无法实现对重要信息的筛选。第三，这些方式会耗费大量时间，课业繁忙的初中生并不会把大量的时间放在历史学科上。

对此，如果可以充分结合探究式学习为初中生打造专属的学习资源库，既可以帮助学生节约时间，又可以让使用的资料更具权威性、准确性，有利于进一步实施探究式教学。固定资源库不仅让学生拥有了丰富的历史资源，还促进了探究式教学的频繁进行。总的来说，初中历史学习资源库的建立，既为进行探究式教学提供了强有力的支撑，又带动了探究式教学模式的进一步发展。

（二）专题式教学需要历史资源库的支撑

专题式教学要围绕某一主题来进行内容安排，此方式可以帮助初中生在特定的层面上去认知历史，掌握历史现象。专题式教学具备一定的优势，它能帮助学生发散思维并在深层次上掌握历史专题。但它也存在着一定的不足，它选择的内容仅为历史现象中的某一方面，相对孤立，与其密切关联的内容较少，可能导致学生历史知识系统并不完整，从而大大增加了历史学习的难度。此外，必修和必修、必修和选修内容间存在大量历史知识的重复；各个专题间的关联较少，新旧知识没有过多的衔接。同时，专题式教学要求学生具备一定的历史知识储备，而初中生的历史基础较薄弱，这也成为专题式教学所面临的一大阻碍。

专题式教学的内容跳跃性大，所以无法继续使用原本的教学模式，历史教师在进行新内容的讲解时要让学生了解有关历史背景。但课堂时间十分有限，于是，多媒体工具便在历史教学过程中得到了普遍应用。这样也为历史教师增添了许多备课的压力。因此，有许多历史教师选择忽视背景介绍，但历史是在各种因素共同作用的基础上发展的，倘若失去了背景知识，学生便无法深入理解知识点或更加直观地感受历史。在如此复杂的情况下，最佳途径便是给学生布置课前预习任务，让他们在课前完成相关历史资料的查阅。为了避免占用学生过多的课余时间，历史教师需要在布置时让学生明白资料的相关内容与来源，如此既可以让学生认真完成学习任务，又可以为教学的高效开展提供保障。

三、历史资源平台的现状分析

（一）学校网站的历史资源平台现状

通过实际调查得知，大部分学校的校园网站主页都开设了历史资源这一栏目，但内容仅为教学视频、教案以及课件等教学资源，主要服务于历史教师。然而，网站提供的很多教案、课件质量较差，无法为历史教师提供有效帮助，形同虚设。但也有一小部分学校，在校园网站中开设了两类只对学生开放的历史资源栏目，分别是电子期刊与电子图书馆。

大多数学校网站主页都具备电子期刊，历史学刊主要包含《当代中国史研究》《中国文化遗产》《文史月刊》《看历史》《炎黄春秋》《文史精华》等。它们在帮助学生拓宽视野、学习历史方面有很大的作用，但只能被当作学生历史学习中的课外补充，无法成为学生查阅资料的主要来源。令人惋惜的是，在校园网站主页设置历史电子期刊栏目的学校只是少部分。此外，电子期刊的种类非常少，流于形式。

能够为学生提供帮助的除了电子期刊之外，还有电子图书馆。有的学校把电子期刊设置于图书馆的子目当中。电子图书馆不仅能够为学生提供可借阅的书刊，还设置了中文数据库链接，使学生能够进行相关资料的查阅。相比之下，电子图书馆给学生带来的好处比电子期刊更大。名校图书馆的中文数据库往往更好。例如，某师范大学附属中学的中文数据库包含了国家法律法规数据库、中国国家数字图书馆、超星数字图书馆、万方数据资源系统、维普中文科技期刊数据库、人大复印资料全文数据库、方正电子图书。而那些普通学校的校园网站主页甚至都没有设置电子图书馆，更不具备数据库链接。

总的来说，大部分中学的校园网站主页只为历史教师提供了少量课件资源，有的学校为学生提供了电子期刊辅助进行课外补充，仅有少数名校为学生提供了数据库链接以供资料查阅。

（二）公共网络资源平台的建设与利用现状

公共网络资源平台主要包含历史学科专业网络平台以及综合网络资源平台。

1.历史学科专业网络平台

在分析历史学科专业网络平台的过程中，本书主要参考了中学历史教学园地、历史风云网。

中学历史教学园地网站既为历史教师群体设置了"历史教研动态""史学史实研究"以及"评课反思随笔"等栏目，也为学生群体设置了"学生园地""图说历史""史书精读"和"历史 flash"等栏目，这类栏目不仅能够为学生提供课外知识的补充以及许多历史学习技巧，还能够提高学生对历史学科的兴趣以及知识储备量。

历史风云网，在新版网站中新开设了以下栏目："AI 智能题库""微信交流群""移动学习"等。这样一来，既能够为历史教师提高自身的专业水平提供有效帮助，又能够使学生的需求得到满足，帮助其积极发布自己的观点，拓展眼界与思维。因此，新版的网站为学生的历史学习提供了更加有效的帮助，其互动平台也更具开放性，符合信息化时代的要求。

以上列举的这些历史网站中，可以兼顾历史教师的备课以及学生历史学习两方面。或许它们建立课外资源栏目是以提高历史教师的专业水准为出发点的，但也确实为学生的历史学习提供了一定的帮助。所以，倘若学生可以合理利用这些网站，也能有效提升自己在历史方面的学习水平。

2.综合网络资源平台

综合网络资源平台指的是包括各学科与各教育阶段在内的资源，本研究参考了众多网站。笔者主要介绍高考资源网、21 世纪教育网。

高考资源网主要是服务于教师的，它设置了"专题""素材""学案""教案""名校试卷""试题""课件""新课标备课"等栏目。"素材"中的"历史素材"一栏包含了文本、图片、视频、音频以及其他形式的素材，备课、教案、课堂实录等方面需要的素材也包含在内。而"历史"学科一栏中包括了几部分内容：思想文化，科学技术发展史，历史专题（选修），社会经济发展史，政治文明发展史。所有部分都是结合教案、课件、习题、试卷来完成划分的。

21 世纪教育网的主要服务对象也是教师。该网站开设了以下栏目：热门资源、升学真题、精品书籍。热门资源栏目包含各省市同步备课内容，以及月考、中、期末、中考等考试测试卷；升学真题栏目则解析各省市中考真题；精品书籍栏目分设课件、教案、试卷、学案等次栏目，教师可从中搜索自己所需要的资料。

在仔细研究这些网站后可以发现，它们都属于教育资源网，都能为教师的备课提供较大帮助，却不能给学生提供什么实质性的帮助，其原因在于，以上网站都以服务教师备课为立足点，几乎没有将学生群体的需求纳入考虑范围，其中与学生相关的部分，也很少真正考虑学生的需求。

第二节　史料资源库建设的主要内容

一、历史学习资源库内容的建设

初中历史学习资源库主要为中学生服务，在以提供资料为方式帮助学生进行历史学习的基础上，强化学生感知历史的能力以及史学素养的养成。所以，资源库拥有种类极为丰富的内容，包括视频资料、图片资料以及文字资料等。本书列出了历史地图册、史学动态、电子博物馆、专题系列视频以及文献典籍等必备栏目类型。

（一）历史地图册

地图是历史学习过程中至关重要的工具书。尽管如今的很多学校都为学生提供了历史地图册，但其中所收录的地图仅仅是为了满足学生学习以及教学需求而摘选的。历史学习资源库将为初中学生提供更为广泛的历史地图资源，并充分结合学生的认知特点，将历史地图按照历史朝代的顺序进行安排，查阅起来也会更加方便。因此，资源库对其进行收录也是非常有必要的。

（二）史学动态

在资源库栏目的设置中也不能缺少史学动态，因为它可以为学生提供最前沿的史学研究，拓宽其历史视野。对喜爱历史的同学来说，此栏目的设立可以很大程度上实现其在历史学习上的需求。此外，在提供最新的研究成果与情况时，史学动态能够借助论文或是专著的形式，将历史动态展现在学生面前，为其带来发展、持续的历史感。倘若能够实现的话，可以在"史学动态"下，设立"互动平台"这一子栏目，为中学生创造与历史学者及专家进行交流的机会，使其走近学术前沿，对历史学习产生强烈的向往。

（三）电子博物馆

我国拥有上下五千年的历史文明，但大多数优秀历史文化都蕴含在历史博物馆的文物之中。例如，三星堆博物馆、湖北博物馆、湖南博物馆、陕西历史博物馆、西安半坡遗址博物馆以及中国国家博物馆等博物馆中的文物。通常情况下，中学生鲜少接触博物馆中的文物，但它们却能够对中学生的历史学习起到极大的促进作用，因为在实物与课堂讲解的结合下，学生可以更加充分地理解并掌握相关历史知识。倘若通过图片的形式把博物馆所收藏的一些文物收录于历史资源库中，便可以为学生进一步接触、了解历史知识提供巨大的便利，能使学生对历史产生浓厚的兴趣与强烈的求知欲。

（四）专题系列视频

专题系列视频分为有关历史学习的解说视频、教学视频、初中历史资料性视频。在科技的高速发展下，教学媒体也进行了更新迭代，拥有了形式多样的教学材料以及教学手段。随着专题片与纪录片等内容的大量涌现，视频教学也慢慢成为教学资源中的一种。它们既能应用于课堂教学，又能被纳入视频资源库，供学生进行学习与参考。

1. 国内主要视频资源

历史学习资源库可以收录中央电视台打造的纪录片《大国崛起》。它剖析了 15 世纪以来美国、俄罗斯、日本、德国、法国、荷兰、英国、西班牙、葡萄牙等国的强国历史，在分析其兴盛原因的基础上，对它们的崛起为人类社会发展所带来的极大影响进行了说明。

《百家讲坛》一经播出就得到了观众的广泛喜爱，也让一批专家学者走入了人们的视野，其中包括王立群、易中天等人。这类专题讲座产生了一定的意义与影响。即便有一部分人认为这个节目过于迎合大众口味，但它也凭借着通俗易懂的语言为中学生有效普及了历史知识，再加上讲演专家对历史的独到见解，在一定程度上引导中学生的历史思维。

除此之外，将北京电视台精心打造的节目《档案》收录其中也是非常有必要的。《档案》为了让观众有身临其境的感受，在每一期节目中都使用了 200多个分镜头，观众能够通过"摸得着"且看得见的历史细节，穿梭于历史时空中。除了上述内容外，国内还存有许多值得开发的视频资源，在此就不过多列举了。

2. 国外主要视频资源

资源库不仅可以收录我国的视频资源，还可以收录一些国外的优秀视频。例如，《蒙古帝国》《日本为何通向战争之路》以及《太平洋战争》等视频资源，《基督教历史》《奥斯曼帝国》以及《英国的七个纪元》等英国纪录片。除此之外，还可以收录那些国外著名大学的历史公开课。

当然，在对这类资源进行收录前需要进行仔细辨别，要选择那些与我国初中历史教学目标相符的内容，避免收录和我国教育观念相矛盾的内容。中学生有效掌握并利用国外优秀视频资源，对自己历史方面的学习也是有利的。

上述内容中所分享的视频资源大部分属于历史资料性的视频，而历史教学类的视频也是同样重要的。通常情况下，学生受限于环境与技术等因素，无法得到名师的引导与培养，对此，若能在学习资源库里设置"名师视频集"，广泛收录名家、大家的教学视频，就可以使学生一睹名家风采，并在学习和对比的基础上，不断提高自己的专业素养。

除此之外，那些关于初中历史学习的解说视频也能够对学生的历史学习起到促进作用，如中国古代某项技术发明的相关解说。在观看此类视频的基础上，学生能够进一步感受我国历史文化的博大精深，产生更加强烈的民族自信心与自豪感。

（五）文献典籍

文献典籍指的是拥有参考价值、历史价值的图书资料。与其他类型的历史资料相比，历史文献更加系统、完整且丰富。它囊括了人类社会各个重要发展阶段，能够帮助人们更加深入地了解历史。而查阅相关资料、文献也是学生在历史学习过程中经常会运用的一种方式，学生能够通过查阅文献来掌握并感悟历史。

作为资源库必不可少的栏目之一，文献典籍最常见的形式就是电子书。对学生来说，在阅读电子文献的过程中，既能够借助相关资料的获取加深对课堂内容的吸收，又可以走近原始资料，在接触各类观点、强化历史认知的基础上，形成自身的独特观点。而对历史教师来说，通过电子文献的阅读，既能够提高自身的专业素养，又可以获得相关的备课材料，因为这些大部分为第一手资料，所以他们拥有更多的选择余地，从而进一步产生独具特色的教学风格。

总之，上述内容不仅能够提高学生的学习兴趣，还能对课外知识进行有效补充。初中阶段所运用的专题式教学模式，限制了历史知识和内容的全面展现，尽管初中的历史教科书采用了通史的体例，但能够被选进教材的内容十分有限，学生只能掌握课程标准所规定的内容，在历史方面的学习兴趣不能得到满足，而上述内容能够很好地弥补这一缺憾。

二、历史学习资源库内容体系的建设

在建立初中历史学习资源库时需要将方便学生查阅作为重要原则，力求将学生想要查阅的资料在最短的时间内进行呈现。所以，在建立初中历史学习资源库体系的过程中，应该将几大主要资源形式库设置成一级标题，并将具体内容结合历史发展顺序安排在对应的资源库之下，接下来将借助中国史进行举例。

（一）一级标题

一级标题包括史学动态、历史地图册、文献典籍、电子博物馆、专题系列视频五大资源形式。

（二）二级标题

史学动态：主要为史学动态新闻。

历史地图册：按照历史朝代顺序分别为先秦、秦汉、三国两晋南北朝、隋唐、五代十国、宋、元、明、清、民国以及中华人民共和国。

文献典籍：按照先秦、秦汉、三国两晋南北朝、隋唐、五代十国、宋、元、明、清、民国、中华人民共和国的顺序进行安排。

电子博物馆：包含陕西历史博物馆、中国国家博物馆、湖南博物馆等。

专题系列视频：主要包括专题系列视频、教学视频两类。

（三）三级标题

史学动态：史学动态新闻（相关论文等研究成果）。

历史地图册：先秦（地图名称列表）。

文献典籍：先秦（如《左传》《诗经》等）。

电子博物馆：西安半坡遗址博物馆（文物说明列表）、中国国家博物馆（夏、商、西周……）等。

专题系列视频：专题系列视频（专题系列视频名称目录）、教学视频（初中八上、初中八下……）。

上述体系是以资源库内容为主要依据建立的，子资源库中的内容可能会存在重复的情况，但是都能够进行检索。如果读者想要搜索其中的某一内容，只需输入关键词便能获取相关资源。

第三节　有效利用史料资源库的策略

信息时代改变了传统的教育思想观念，也使其赖以生存的环境发生了变化。信息资源的广泛、快速传播，不仅使教育教学资源变得更加丰富，还让人们的时空关系发生了转变。但历史学科拥有数量庞大且种类繁多的教学资源，所以，为了能够实现历史教学资源和初中课堂的进一步融合，使教学课堂具备更多可供选择的历史资源，需要建立包含课件、资料、习题、图片、音频等在内的史料资源库，并有效利用史料资源库，使其发挥应有的作用，实现更加优质的历史教学。

一、围绕资源信息，获取有效信息，拓展学习空间

如果想要进一步还原历史场景，就一定要对历史资源进行利用。在开始讲解新的课程之前，历史教师可以从资源库里获取所需的历史资源，放映那些大型文献资料片的片段或是重大历史事件的电视、电影片段，使学生在观看、思考的同时，自然而然地过渡到新课程的学习中；播放与课程相关的音频，使学生的注意力集中。此外，还可以采取材料导入的方式，在与学生的互动中引入新的课程。比如，在讲授"马克思主义的传播"这部分内容时，可以在资源库里获取与课程相关的图片、材料，并以此来激发学生对伟人马克思的探究兴趣。

能够从资源信息中取得有效信息是使用资源库时非常重要的一点。这就要培养学生找关键词的能力，也就是将材料里面的有效信息提取出来。以民国时期的对联"袁世凯千古，中华民国万岁"为例，在进行教学时，可以针对这副对联进行提问：这副对联表达了作者怎样的观点？学生可以在对联中找到关键词"千古""万岁"，进行比较后，就能够体会到作者对袁世凯称帝的不满以及对中华民国的期待。

历史信息早就渗透在生活中的各个方面，大部分学生在学习历史前就掌握了一些信息，只是这类信息不够全面，甚至有一部分是在影视作品中获得的错误信息。掌握正确的历史信息可以为学习带来积极影响，但如果是错误信息就会对学生的学习造成干扰。例如，在京剧脸谱中，诸葛亮的形象通常是带着胡

子的，而周瑜的形象是长相俊俏且没有胡子的小生，如果只从外形方面看，学生都会认为诸葛亮比周瑜年长，但通过史料可以知道诸葛亮（181—234 年）比周瑜（175—210 年）小 6 岁，这个例子可以让学生明白史实和戏剧之间的不同。

二、优化问题设计，提升历史思维，推进有效教学

学生是否能够积极参与课堂探究在一定程度上取决于情境是否创设得当。而在情境创设中，巧妙的设问是非常重要的。相关的史料配合适当的设问就属于创设情境，所以设问是否巧妙且合理会对情境的创设产生直接影响。例如，讲《甲午中日战争》这节课时，历史教师如果想要引导学生对日本发动战争的国内因素进行分析，可以在资源库里搜索与日本工业、军事近代化的成果、对外政策、明治维新相关的史料，并结合史料设置问题引导学生思考、交流，让学生的历史思维水平与学习效率在互动过程中得到有效提升，历史教师也可以将自己和学生间的交流重点列为板书提纲，使学生能够更加直观地获取知识。

在对历史问题进行讨论的过程中，需要对历史进行一定程度上的还原。比如，为了进一步掌握周恩来与杜勒斯在 1954 年的日内瓦会议期间的握手的真实情况，只有通过相关资料的搜索，在课堂中还原相关史实。对此，历史教师可以将从资源库中获取的信息分享给学生，并引导学生展开讨论，发表自己的观点、意见。资料如下：

材料一：

一位美国发言人说，虽然杜勒斯差不多每天都和周恩来在同一间屋里，但是他从来没有和他碰头，也没有和他谈过话，甚至没有朝他那方向看一眼。

——1954 年 5 月 3 日美联社报道

材料二：

周恩来为中国代表团做了如下规定：第一，我们不主动和美国人握手；第二，如果他们主动来握手，礼尚往来，我们不要拒绝。

——王炳南《中美会谈九年回顾》

材料一中美联社的报道代表着什么？材料二中周恩来为何会对中国代表团提出这样的要求？对以上两段材料进行引导分析以及问题设计后，握手传闻的真相便浮出水面了。

因为历史内容中包含着智慧，所以认知历史就等同于收获智慧。学生在研习史料的过程中，不仅能够具备一定的解题能力，还能够进一步感知历史。比

如，针对秦朝对百姓的暴虐统治让百姓难以生存从而严重激化了社会矛盾，历史教师可以在资源库里获得相关的史料：公元前209年，有900多位农民被发配至渔阳戍守边关，但由于大泽乡突发暴雨导致道路尽毁，他们无法按时抵达。依据当时秦朝的律令，误期也会被处以死刑。于是陈胜、吴广等人决定发动起义。由材料可知，起义的背景是"失期，当斩"，只是稍有延误就要被处死，可以看出秦朝统治的残暴，纯粹是官逼民反，百姓揭竿而起也就在所难免了。

三、有效利用资源库，探索新模式，推动教学改革

新课程对历史教师教学的各个方面都提出了新的要求，即历史教师要让学生积极主动地参与到教学过程中，使教学模式更加丰富。历史教师能够在资源库里获得多样化的素材资源，并通过设置情境来加强和学生之间的互动，最终达到优化课堂、提升学习效率的目标。视频与动画是展现事物发展的最佳方式，如历史教师在讲授"张衡与地动仪"的相关内容时，因为自身专业水平不够，所以无法将地动仪的结构、原理清楚地教给学生，在这时就能够借助多媒体手段，在课件中展示地动仪的工作原理，让学生能够更加直观地进行理解，并进一步体会到古代科学家的智慧。

新课程要求师生之间形成更加和谐的关系，因为教学过程中师生的互动对学生的学习以及未来的发展能够产生积极影响。资源库的建立，不仅可以使学生的学习潜能得到更好的发挥，还能够使历史教师在充分结合学生个体差异的基础上，及时捕捉到学生的点滴进步。资源库里的图片等材料能够提升学生参与情境的积极性；教学过程中设置恰当的问题能够引发师生的积极探讨，营造出和谐的课堂氛围。这种师生间的互动形式可以让学生得到态度、情感与认知等各个方面的协调发展。

对大部分学生而言，历史的难易主要取决于学生自身是否清楚历史事件的整体脉络，所以，历史学习的关键就在于让学生在历史教师的指导下明确历史事件的背景与影响，而是否能够合理利用历史知识对历史事件的前因后果进行分析，也就成为历史教师专业技能水平高低的重要评定标准。对此，历史教师应将初中历史学案设计摆在资源库建设中的重要位置，并以此来展开教学。

在学习不同的历史内容时，需要结合不同的材料，资源库能为学生提供大量的历史材料资源，拓宽学生历史视野，让学生从被动的学习状态中解脱出来，进行主动探究。而在此过程中，资源库也从一成不变的"死"库转化为能

够持续被丰富、调整的"活"库，因为会有源源不断的来自历史教师和学生的新感受、新发展、新作品涌入，学生也能够持续从资源库中得到新材料，不断完成自我提升。总之，历史教师可以有效利用资源库，探索新的教学模式，让学生积极主动地投入学习中，获得全面发展，同时推动教学改革，促进历史教学的发展。

第九章　史料教学的实践创新

第一节　富有教学价值的史料选择

初中历史教师在实际教学过程中运用史料教学一定要科学地选取史料，要满足以下三点要求。

一、所选史料要严谨真实

历史教学的第一要义就是求真求实。梁启超说："史料为史之组织细胞，史料不具或不确，则无复史之可言。"[①] 所以，历史教师在实际教学中选取史料一定要保证其真实性与准确性，否则就会得出错误的结论，误导学生。

案例：部编版八年级上册《鸦片战争》（片段）

某历史教师在讲授《鸦片战争》时，将《南京条约》的内容概括为割地、赔款、开放通商口岸以及协定关税四点，随后历史教师对每一条内容逐条分析危害，这时会特别强调最后一条内容"英商进出口货物税款，中国需同英国商定"严重损害了中国的关税自主权，给中国造成的危害是最大的。然而，在查阅相关的原始文献时会发现中英《南京条约》对于关税问题是这样记载的。《南京条约》中文版第十条规定："英国商民……应纳进口、出口货税、饷费，均宜秉公议定则例，由部颁发晓示，以便英商按例交纳。"茅海建在《天朝的崩溃》一书中，对英文版《南京条约》第十条直译如下："中国皇帝陛下同意在所有的通商口岸制定一部公平的、正式的进出口关税和其他费用的则例，该则例将公开颁布。"也就是说，中、英文版原文都没有"协定关税"的内容。只不过后

---

① 梁启超．中国历史研究法 [M]．南昌：江西教育出版社，2018：50.

来英国人为了自己的利益将"秉公议定"故意歪曲成"需同英国商定"并强迫清政府接受。虽然中英"协定关税"最终成为既定事实，但从严格意义上说，这一条并不属于《南京条约》的内容。所以，《鸦片战争》中关于《南京条约》最后一条的内容修改为"英商进出口货物应纳税款，必须经过双方协议"。在史料教学过程中，历史教师所选史料要保证严谨真实，可以适当地使用完整的、未经节选或改编的原始史料文献，让学生体会原汁原味的历史。在实际教学中运用这些原始史料讲解分析相关的历史事件和历史现象，可以使学生更全面、客观、真实地了解历史的本来面目。

二、所选史料要有针对性和典型性

中国古代历史悠久，留下来的史料可以说是"浩如烟海""汗牛充栋"，到了近代，出版业发达，史料更是数不胜数，有文献、档案、报刊、回忆录、前人著述、声像资料、遗址遗迹与器物、口碑资料与乡例民俗等。信息化社会的到来使史学研究资源大大丰富。历史教师在选取史料的时候不能胡子眉毛一把抓，而是要根据教学目标的需要，根据教学内容和重难点分析，选择有针对性的典型性的史料，如教材旁设部分的"材料研读""相关史事""图片史料"等是非常有针对性、典型性的史料，历史教师在授课过程中可以选择使用，以期更好地达成教学目标。

案例：部编版八年级上册《洋务运动》（片段）

历史教师根据对课标的分析，进而确定本课的重点和难点，即理解洋务运动的积极作用和局限性。为了让学生理解洋务运动，历史教师可以选出几条具有针对性、典型性的史料。

材料一：

1873年，轮船招商局正式获准设立，朱其昂任总办，官督商办，经营浙江漕粮运输及各种客货生意，既办公又办私，既运货又载人。

——赵凡禹、孙良珠《李鸿章全传》

材料二：

李鸿章晚年这样评价自己的洋务事业："我办了一辈子的事，练兵也，海军也，都是纸糊的老虎，何尝能实在放手办理？不过勉强涂饰，虚有其表……"

——吴永《庚子西狩丛谈》

教师分析：在洋务运动中，洋务派创办民用工业时赢得了很大的利润，这刺激一些官员、商人开始自己投资近代工业，在客观上促进了中国民族资本主义的产生，从而使古老的中国开始顺应世界潮流，在近代化的道路上迈出了第一步。这就是洋务运动对中国近代化的积极作用。同时，结合李鸿章晚年对于洋务运动的评价，可以看到中国落后的根源在于社会政治制度的腐朽，并不在于练兵和海军，只学习西方先进技术而不改变落后腐朽的政治制度，不能使中国摆脱列强的压迫，自立于世界民族之林。

三、所选史料要有多样性

在实际的教学过程中，为了更好地达成教学目标，培养学生的历史核心素养，历史教师要选择多样性史料支撑观点，而这里的"多样性"有两重含义，即史料种类的多样性和史料角度的多样性。

选择多种类的史料。史料的类型包括历史文献、摘录、历史图片、历史地图、统计资料、名言警句、艺术作品、诗词楹联、照片邮票、民间传说、漫画插图、音像资料、口述史料等。将各种类型的史料结合起来使用，培养学生"史由证来，论从史出，史论结合"的历史思维，帮助学生了解更加真实的历史，形成正确的历史观。

案例：部编版七年级上册《秦统一中国》（片段）

在讲授《秦统一中国》时，关于如何评价秦始皇这个问题，历史教师可以出示以下史料：

材料一：

始皇帝，自是千古一帝也。

——李贽《藏书》

材料二：

怀贪鄙之心，行自奋之智，不信功臣，不亲士民，废王道而立私爱，焚文书而酷刑法，先诈力而后仁义，以暴虐为天下始。

——贾谊《新书·过秦论》

材料三：

始皇暴虐，至子而亡。

——《贞观政要》卷八

材料四：

今陛下兴义兵，诛残贼，平定天下，海内为郡县，法令由一统，自上古以来未尝有，五帝所不及。

——《史记·秦始皇本纪》

历史教师先简单给学生翻译一下以上几则材料的意思，综合材料中观点，可对秦始皇做出以下的评价：一方面，他建立了第一个统一的中央集权的封建国家，奠定了统一多民族国家的基础，统一文字、货币、度量衡、驰道，为统一国家各项制度做出了贡献。另一方面，他推崇法家思想，实施暴政，制定严苛的刑法，焚书坑儒，大兴土木，激化了社会矛盾。这样的评价既对秦始皇的伟大功绩表示肯定，又对其暴政予以否定。综合以上观点，历史教师要多角度选择史料让学生学会一分为二地看问题，辩证地评价历史人物，这样得出的结论才是最科学、最全面的。

第二节　引入时事新闻的教学内容

传统的初中历史教学过程中，历史教师占据着课堂的主导地位，学生只是被动地接受知识，课程中所运用的史料也只是围绕课本展开，未能实现知识的全面拓展。但在全新的教育改革之下，初中历史教学过程也实现了新的突破，多媒体的运用使得历史的呈现更加直观，多学科的融合使得教学过程充满趣味性，而时事新闻的引入，更使得初中历史的史料教学课堂变得更加活跃多彩，也更贴近生活。

一、时事新闻引入史料教学，梳理历史教学主题

时事新闻更加贴近生活，并具有一定的代表性，众多的历史主题都与当今的时事新闻有着一定的共同点，所以在初中历史教学的过程中可以恰当引入时事新闻。历史教师可以通过对视频和文字新闻的细节分析来引导学生进行多角度的思考，让学生进行总结，并适当拓展。历史教师逐一点评后，再引导学生深入挖掘。这样可以产生不容忽视的影响力，从而帮助学生实现对历史教学主题的梳理。

例如，针对部编版八年级下册第 4 课《新中国工业化的起步和人民代表大会制度的确立》的教学，历史教师可以通过"制度下的速度与激情"这样的主题导入，引入以下新闻链接：2020 年 2 月 4 日上午 9 时许，武汉火神山医院正式接诊首批新冠肺炎确诊患者。在数以万计"云监工"的在线监督下，仅用 10 天时间，万众瞩目的火神山医院就从一片荒地上拔地而起。其惊人的速度再次

让世界见证了"中国速度"。以此新闻链接为切入点，向学生提出问题：中国如何在短短 10 天里建起这么大规模的医院？凭借什么完成了"难以完成的任务"？我们从这则新闻中看到了什么？

学生的回答震撼人心，他们说是中国速度、人民的团结一致和中国的基建速度等。这时候历史教师适时总结，提升中国速度、中国精神以及中国制度，使学生明白中国的这种震惊世界的速度，是中国人民爱国精神和集体精神的体现，正是在人民当家做主的制度下才能产生这样的成就。引入这则新闻打开了学生的思维，既能够让学生的学习兴趣更加浓厚，又能结合疫情防控的时事新闻，从学生熟悉的角度入手，增加话题的讨论度，更好地分析新闻史料，联系时事对教学主题进行梳理，从而在有限时间里落实对学生历史核心素养的培养。

二、时事新闻嵌入史料教学，丰富历史教学内涵

中学生已经建起比较成熟的思维方式，促进他们形成正确的历史观、掌握丰富的历史教学内涵是历史教学的主要出发点。时事新闻多与国家政治以及重大事件有密切关系，历史教师在进行史料教学的时候，如果能恰到好处地嵌入相关的时事新闻，结合各学科特色进行科学渗透，就可以有效引导学生把古今中外的知识融合起来进行分析思考，实现思维拓展，并以更广的角度去丰富历史教学内涵。

例如部编版七年级上册第 14 课《沟通中外文明的"丝绸之路"》。丝绸之路是我国闻名世界的商贸交通要道，汉朝出现的陆上丝绸之路是沟通中西方经济的交通要道，后来出现的海上丝绸之路也在汉唐宋元时期起了十分重要的作用。但即便古代的丝绸之路再有名，影响再深远，现在的学生都无法深刻感知其巨大作用。所以，授课过程中教师可以导入以下新闻：2013 年 9 月 7 日，国家主席习近平在哈萨克斯坦纳扎尔巴耶夫大学发表重要演讲，提出共建"丝绸之路经济带"倡议，将其作为一项造福沿途各国人民的大事业。习近平主席此次出访中亚，首次提出共建"丝绸之路经济带"，同年 10 月，在出访东南亚期间又提出共建"21世纪海上丝绸之路"，共同构成"一带一路"重大倡议。

这则新闻的嵌入，使学生深刻感受到我国提出的"一带一路"倡议是古代丝绸之路的延续，此项与邻国合作共赢的政策正是运用史实延续当年丝绸之路的辉煌，再创贸易成就新高的体现。同时，为了加深学生对新闻的感受，历史教师可以带领学生在地图上重走丝绸之路，并与新闻报道中的"一带一路"沿

线国家在地图上的展示形成对比，以视频课件的方式展示丝绸之路的沿途风光，详细描绘张骞出使西域时的盛况，让学生大胆发言，阐述古今丝绸之路的异同。正是因为将"一带一路"的相关时事新闻嵌入丝绸之路的史料教学，学生参与课堂的积极性被充分地调动起来，对丝绸之路产生了更深刻的认识和了解，历史教学内涵也得以丰富。同时，多学科的交融使学生的地图运用能力和时空观、世界观等历史素养得到了提高，学生对新闻和国家政策也更加关注了，可谓一举多得。

三、时事新闻融入家国情怀，加强核心价值教育

历史教学最重要的目的就是清晰地还原历史，让学生触摸真实的历史，从中获取核心价值。将时事新闻融入历史课程中的家国情怀教育，容易引起学生的共鸣，实现教育的核心价值。

说到家国情怀，战争的影响与教训是无法忽略的一部分。第一次世界大战，参战各国共死伤 3 000 多万人，被战争、饥饿、疾病夺去生命的人超过 1 000 万，这是人类历史上的大浩劫，也是第二次世界大战爆发的祸根。但学生在审视这段历史时只能以旁观者的角度看待，很难有切身的体会。而以下这则新闻，则勾起了学生深入了解第一次世界大战、了解战争的影响与教训的兴趣：自第一次世界大战战败后，德国历时 92 年，直到 2010 年 10 月 3 日才还清最后一笔赔款。

历史教师可以将这则新闻背后的故事继续进行延展。由于这样的赔款条例为德国人民带来了巨大伤害，使德国人民心中埋下了民族复仇的种子，德国人民最终被希特勒利用，又促成了第二次世界大战的发生，而第二次世界大战的伤害更是巨大。所以，将这样一则新闻引入历史教学，能促进学生对家国情怀的思考：在没有战争的时代生活是幸福的，为将这种幸福延续下去，应该避免战争，维护世界和平。除此之外，学生也学会了客观全面地看待历史，深刻体会到了祖国强大的重要性，这样也有利于培养学生正确的历史人生观与价值观，爱国主义和建设祖国的情操可以在这样的学习过程中得到深化。

当前，初中历史的教学目标不再只是让学生掌握史料以及意义影响，而是对学生多方面能力以及综合素质的培养。但传统的历史教学方式存在局限，根本无法达到这样的要求。根据教学内容采取有效途径适当地引入时事新闻，能够实现课堂氛围的渲染，实现对学生历史学科核心素养的培养，帮助学生建立正确的价值观念。这样的教学策略值得推广。

参考文献

[1]   张志胜 , 陈家华 , 陈娇 . 史海蠡测 [M]. 哈尔滨 : 黑龙江人民出版社 ,2018.

[2]   沈为慧 , 赵剑峰 , 何成刚 , 等 . 史学阅读与微课设计 中国古代史（下）[M].
       北京 : 北京师范大学出版社 ,2018.

[3]   傅斯年 . 史学方法导论 [M]. 长春 : 吉林出版集团股份有限公司 ,2017.

[4]   何成刚 , 彭禹 , 夏辉辉 , 等 . 智慧课堂 : 史料教学中的方法与策略 [M]. 北
       京 : 北京师范大学出版社 ,2010.

[5]   何成刚 , 张汉林 , 沈为慧 . 史料教学案例设计解析 [M]. 北京 : 北京师范
       大学出版社 ,2012.

[6]   田心 . 论史学理论方法中的"直书"：以《史通》和《拉丁与日耳曼民
       族史》为例 [J]. 神州 ,2019(9): 43.

[7]   龚隽峰 . 基于核心素养的初中历史史料教学探析 [J]. 高考 ,2017(24): 69–
       70.

[8]   何成刚 , 张克州 , 沈为慧 . 史料实证 : "可为"与"不可为"[J]. 中学历
       史教学参考 ,2017(9): 35–38.

[9]   杨祥银 . 试论口述史学的功用和困难 [J]. 史学理论研究 ,2000(3): 37–46.

[10]   张广智 . 重现历史 : 再谈影视史学 [J]. 学术研究 ,2000(8): 84–90.

[11]   蒲耕翼 . 中学生史料阅读的心理流向与教学设计 [J]. 科学咨询 (教育科
       研),2020(8): 40–41.

[12]   陈德运 , 赵亚夫 . 史料·阅读·问题·思维 : 基于史料的教学原理阐释 [J].
       基础教育课程 ,2020(Z1): 56–62.

[13] 游苏宁.阅读史料的博古论今 书籍相伴的美好人生 [J]. 中华医学信息导报 ,2020,35(2): 23.

[14] 汤红琴.史学阅读下的史料设计：以微课"甲午海战失败的原因"教学为例 [J]. 林区教学 ,2015(11): 73–74.

[15] 严亚明.史料阅读能力与中国近代史料学实践教学初探 [J]. 韩山师范学院学报 ,2011,32(1): 99–103.

[16] 覃棉.屯茂抗战口述史料评述 [J]. 今古传奇 (故事版 上半月版),2021(38): 55–56.

[17] 江沛 ,薛云.口述西柏坡：一部揭示新中国起航的创新之作 [J]. 河北师范大学学报 (哲学社会科学版),2021,44(5): 2.

[18] 程世利.红色口述史料资源开发利用研究 [J]. 浙江档案 ,2021(7): 58–59.

[19] 张心悦 ,彭燕 ,李宁路.乡村振兴战略下土家族口述史料的开发与利用研究 [J]. 内蒙古科技与经济 ,2021(13): 129–131.

[20] 匡林华.善用史料影像，探索图片国际传播新思路：《中国日报》"瞬间回眸"专栏编发实践与思考 [J]. 海河传媒 ,2020(1): 32–37.

[21] 卢柳杉 ,徐锦博.影像史学与中国教育史研究：以教育影像史料为中心的考察 [J]. 教育与教学研究 ,2019,33(1): 101–111.

[22] 孙瑜.数字化时代影像史料刍议 [J]. 北方论丛 ,2015(5): 70–72.

[23] 王艳茹.实物史料及其教学应用浅析 [J]. 内蒙古教育 (职教版),2012(3): 40–41.

[24] 何大进.实物史料与历史教学 [J]. 历史教学 ,2003(5): 56–59.

[25] 尚刚.实物史料略说 [J]. 装饰 ,2001(2): 57–58.

[26] 王红星.谈实物史料的鉴别和运用 [J]. 江汉考古 ,1997(2): 67–72.

[27] 陈明光.初探大足石刻是宋史研究的实物史料宝库 [J]. 社会科学研究 ,1994(2): 114–117,138.

[28] 佟佳江.实物史料与文献史料的关系：兼述实物史料在文献古籍整理中的作用 [J]. 内蒙古民族师院学报 (社会科学汉文版),1985(2): 89–95,88.

[29] 崔溶芷,刘超.地方师范类院校本科历史学乡土史料教学初探 [J].陇东学院学报,2020,31(3): 116–120.

[30] 刘云.让学生在乡土史料中理解、思考和提升 [J].中国教育技术装备,2014(17): 60–61.

[31] 何成刚.何谓史料:史料教学应该澄清的一个基本问题 [J].中学历史教学参考,2008(4): 34–35.

[32] 唐永霞.乡土历史在《中华人民共和国史》课教学中的运用:以陇中地区乡土历史为例 [J].甘肃高师学报,2013,18(3): 116–119.

[33] 景志明,黄信.乡土史料融入《中国近现代史纲要》精品课教学探讨:以"红军长征过凉山史实"为例 [J].西昌学院学报 (社会科学版),2011,23(2): 64–67.

[34] 胡亮明.议乡土史料在历史教学中的运用 [J].教育教学论坛,2010(11): 61–62.

[35] 赵立彬.他乡雨露、中国根株:乡土口述史料中的珠海留学先驱 [J].徐州师范大学学报 (哲学社会科学版),2008(5): 8–12.

[36] 王中亚.显地方之特色 收教学之实效:探析河南乡土史料在初中历史教学中的辅助作用 [J].中小学教师培训,2001(6): 41–42.

[37] 祝江波.史料教学法在中国近现代史纲要教学中的运用 [J].现代交际,2021(19): 200–202.

[38] 汤金玲.史料教学在初中历史教学中的问题与对策探究 [J].甘肃教育研究,2021(3): 58–61.

[39] 徐长国.初中历史教学中史料实证素养的培养策略探讨 [J].科学咨询 (教育科研),2021(6): 260–261.

[40] 刘永刚.史料教学让学生爱上历史课堂 [J].中国教育学刊,2021(3): 106.

[41] 唐爱铭.刍议初中历史教学中史料实证素养的培育 [J].福建教育学院学报,2021,22(2): 55–57.

[42] 尤小琴.初中历史教学中"史料实证"素养培养初探 [J].福建教育学院

学报 ,2020,21(12): 45–46.

[43] 吴国如 . 史料意识强化与当代文学教学夯实 [J]. 江西科技师范大学学报 ,2020(4): 118–123.

[44] 杨维婷 . 提高初中学生历史资料阅读能力的研究 [D]. 北京 : 首都师范大学 ,2011.

[45] 柳尧杰 . "影视史学" 视角下的初中世界史教学研究 [D]. 烟台 : 鲁东大学 ,2017.

[46] 吴朝阳 . 对美国史料教学的方法论及实践意义之探索 [D]. 上海 : 华东师范大学 ,2007.

[47] 周晶 . 中英两国中学历史课史料教学比较研究 [D]. 长春 : 东北师范大学 ,2011.

后　记

　　长期以来，我们一直思考这样一个问题：在初中历史教学中，教师如何选取史料服务于课堂教学？这也是我们撰写本书的初衷。

　　写这本书的一年，也是教育领域沐浴改革春风的一年。特别是由教育部修订的《义务教育历史课程标准（2022年版）》的印发，是全面落实立德树人根本任务、进一步深化课程改革的举措。历史课程是落实立德树人根本任务的重要课程，注重培育学生的核心素养。我们也是在这样的一种历史教学改革氛围下，反复琢磨、尝试、探索、研究，试图找到一种新的思路，促进初中历史教学的发展。所以，我们还是坚持把教学研究中所琢磨出来的一些核心内容写出来。作为初中历史教师，一定要做到：把握教材与史料之间关系，让学生树立时空观念意识；根据教学目标合理运用史料，培养学生史料解析能力；将史料与教学内容结合，渗透家国情怀意识；运用文字史料开拓视野，全面培养学生历史核心素养；运用图片史料直观观察，提升学生史料实证能力；引导学生基于史料进行合作学习，培养学生历史解释能力……

　　遗憾的是，碍于时间和篇幅，只好就此落笔。一些初中历史教学和史料教学相融合的内容没来得及详细介绍，如文艺类史料、绘画类史料等，但初中历史教学中比较常见、学生喜闻乐见的几种史料教学在本书中进行了介绍，而做这样的取舍也是为了更好地发挥本书的使用价值。

　　感谢福建教育学院文科研修部陈超教授一直以来的鼓励和悉心的指导，承蒙她于百忙之中为本书作序，倍感荣幸。感谢北京教育出版社编辑为本书的出版付出辛勤的劳动。书中参考、引用了一些专家、学者的观点，在此也谨致谢忱！

黎　英　吴松钦

2022.11